Theodor Münster

Konrad von Querfurt, kaiserlicher Hofkanzler, Bischof von Hildesheim und Würzburg

Theodor Münster

Konrad von Querfurt, kaiserlicher Hofkanzler, Bischof von Hildesheim und Würzburg

ISBN/EAN: 9783743662100

Hergestellt in Europa, USA, Kanada, Australien, Japan

Cover: Foto ©ninafisch / pixelio.de

Weitere Bücher finden Sie auf **www.hansebooks.com**

Konrad von Querfurt,

Kaiserlicher Hofkanzler,

Bischof von Hildesheim und Würzburg.

Inaugural-Dissertation

zur

Erlangung der philosophischen Doctorwürde

an der

Universität Leipzig.

Von

Theodor Münster.

1890.

Druck von B. Angerstein, Wernigerode.

Meinen lieben Eltern

in herzlicher Dankbarkeit

gewidmet.

253159

Konrad von Querfurt [1]) wurde als Sohn des Burggrafen Burchard von Magdeburg, der dem Geschlechte der

1) Die Geschichtschreibung hat der Persönlichkeit Konrads bis in die neueste Zeit besondere Aufmerksamkeit gewidmet. Für die vorliegende Arbeit kamen aus der reichhaltigen Litteratur neben den grundlegenden Jahrbüchern von Toeche, Heinrich VI., und Winkelmann, Philipp von Schwaben und Otto IV., besonders folgende Werke in Betracht, die theils Monographien über den Kanzler sind, theils längere Untersuchungen über denselben enthalten:

Leben des Hildesheimischen Bischofs Konrads I. in den Hann. Gelehrten Anzeigen 1753, Seite 362—383. — Vgl. dazu Heineccii antiquitates Goslarienses, S. 200.

Lüntzel, Geschichte der Diöcese und Stadt Hildesheim, I., 480—508.

Abel, König Philipp der Hohenstaufe, 158—162, 355—358 u. a. St.

Henschke, de Conrado I. episcopo Hildesheimensi. Diss. Halle 1865.

Freiherr Leopold von Borch, Geschichte d. Kaiserl. Kanzler Konrad, Innsbruck 1862.

Schwemer, Innocenz III. und die deutsche Kirche während des Thronstreites von 1198—1208.

Fr. X. v. Wegele, Kanzler Konrad, in Maurenbrechers Hist. Taschenbuch, 1884, S. 31—73.

Die letztgenannte Arbeit hat alle vorangehenden Untersuchungen verwertet und ausserdem durch Berücksichtigung der im Kalendarium S. Kiliani Wirziburgensis (herausgeg. v. Wegele) enthaltenen Nachricht von dem Todestage Konrads und des vicecomes Eckard die Gründe der Ermordung des Kanzlers heller zu beleuchten gesucht. Ich bin in der vorliegenden Dissertation jedoch in mehreren Punkten zu durchaus anderen Resultaten gelangt, wie Wegele, dessen Werk mir erst bekannt wurde, als meine Arbeit fast vollendet war; ausserdem habe ich mehrere Abschnitte, welche Wegele nur ganz kurz skizzirt, mit grösserer Ausführlichkeit behandelt. Die Aufgabe, welche ich mir in erster Linie gestellt hatte, war, die innere Entwickelung des Kanzlers, der aus einem begeisterten Anhänger des staufischen Hauses allmählich zum Parteigänger Ottos IV. wurde im Zusammenhange mit den politischen Verhältnissen seit dem Tode Heinrichs VI. in möglichster Klarheit darzulegen; wenn ich demgemäss einerseits Konrads Thätigkeit auf dem Kreuzzuge, die einzelnen Phasen des Konfliktes mit dem Papst und sein Verhältnis zu König Philipp ausführlich behandelte, so habe ich mich andererseits, zumal in der Darstellung seiner Jugendgeschichte bis zur Wahl in Hildesheim, worüber besonders nach den eingehenden Ausführungen von Borchs, S. 1—15 eine neue Auffassung nicht mehr zu gewinnen war, durchaus referierend verhalten.

Dynasten von Querfurt [2]) entstammte, um die Mitte des
12. Jahrhunderts gehören. Während seine älteren Brüder,
Burchard und Geblard nach einander dem Vater im Burg-
grafenamte folgten, und ein dritter Bruder, Gerhard, mit
dem Beinamen „Ueberbein", ebenfalls sich dem ritterlichen
Leben widmete, wurde Konrad, und nach ihm wohl noch
ein jüngerer Bruder, Wilhelm, für die geistliche Laufbahn
bestimmt; die einzige Schwester, Adelheid, vermählte sich
mit dem Grafen Adolf von Schaumburg. [3])

Die Familie Konrads war dem staufischen Hause treu
ergeben, und dieselbe Gesinnung herrschte auch unter den
Klerikern von Hildesheim, denen der Knabe zur Erziehung
gebracht wurde; Hartbert von Dalem besonders, der Leiter
der Domschule, pflanzte die Keime klassischer Bildung in
den empfänglichen Geist Konrads. [4]) Nach Beendigung der
Studien zu Hildesheim begab sich der angehende Geistliche
wahrscheinlich nach Frankreich — in jenen Zeiten das
gelobte Land der Wissenschaft — und lag zu Paris theolo-
gischen und philosophischen Studien ob, möglicherweise
gleichzeitig mit Lothar von Segni, dessen Achtung und
Freundschaft er sich dort erworben hat. [5])

2) Ueber Konrads Herkunft vgl. besonders die Untersuchungen
bei Abel, S. 356, von Borch S. 1—7. Wegele S. 35, Anm. 2. Die
frühere durch Lorenz Fries in der Würzb. Chronik (16. Jahrhundert)
hervorgerufene Annahme, dass Konrad ein Herr von Ravensburg
gewesen sei, ist jetzt als unhaltbar allseitig aufgegeben.

3) Diese Nachrichten entstammen einer nicht nach 1198 abge-
fassten „Nachricht von denen Herren zu Querfurt." abgedruckt bei
Buder, Nützliche Sammlung 1735, S. 487. — Konrads Bruder Burchard
starb auf dem Kreuzzuge 1190 bei Antiochien, Gerhard und Wilhelm
betheiligten sich an dem Kreuzzuge 1197.

4) Dies erhellt aus dem weiter unten erwähnten Briefe Konrads an den Propst Hartbert zu Hildesheim: quae olim apud vos in
scholis positi percepimus; Arn. Lubic. M. G. SS. 21, 193.

5) Ein directes Zeugnis für Konrads Aufenthalt in Paris liegt
allerdings nicht vor und Wegele, a. o. O. S. 39 hält es deshalb für
geraten, diese Hypothese auf sich beruhen zu lassen. Jedoch giebt
auch er zu, dass Konrads späteres Auftreten es wahrscheinlich mache,
dass er eine Universität besucht habe, in welchem Falle nach den
Gewohnheiten jener Zeit nur Paris in Betracht kommen könnte.
Ich ziehe es deshalb vor, der Annahme von Abel (S. 158), Toeche
(S. 27) und Winkelmann (Allg. deutsche Biographie) zu folgen und
den gleichzeitigen Aufenthalt Konrads mit Innocenz III. in Paris
als höchst wahrscheinlich gelten zu lassen. Dagegen ist es allerdings
unmöglich, dass Konrad auch Thomas Becket, der bereits am
29. Dezember 1170 ermordet wurde, daselbst kennen gelernt hat, eine
Annahme, der Abel (S. 158) auf Grund einer Notiz der münchener
Handschrift Michaels de Leone Raum gegeben hat.

In die Heimat zurückgekehrt [6]) erscheint er bereits
1182 [7]) unter den Domherren von Magdeburg; von höchster
Bedeutung aber wurde für ihn das Jahr 1188, in welchem
ihn Friedrich I. in die königliche Kapelle berief. [8]) Konrad
beschritt damit einen Weg, der schon so viele vor ihm zu
den höchsten Ehren geführt hatte und auch auf seine Zukunft einen bestimmenden Einfluss übte. Es war ihm vergönnt, in der nächsten Umgebung des ergrauten Helden
seines Jahrhunderts zu weilen, dessen Thaten vielleicht
schon die Phantasie des Domschülers von Hildesheim mächtig
erregt hatten; er schloss innige, auf Verständnis und Wertschätzung beruhende Freundschaft mit dem nur wenig
jüngeren König Heinrich, er trat in persönliche Beziehungen
zu den einflussreichsten Männern des Reiches und konnte
sich überdem sonnen im Glanze prunkvollen Hoflebens, das
von da an stets einen Zauber auf ihn geübt und die ihm
innewohnende Neigung zu Pracht und Verschwendung unzweifelhaft sehr gefördert hat. — Bald brachte das neue
Amt auch materiellen Gewinn, denn schon wenige Wochen
nach der Ernennung konnte Konrad als Inhaber der wichtigen
und einträglichen Reichspropstei von St. Simon und Judas
urkunden. [9])

Die nächsten Jahre waren für das Reich sehr er-
eignisvoll. Friedrich I. krönte, einem Drange des Herzens
folgend, sein Lebenswerk durch den Zug nach dem Osten
und fand in den Fluten des Seleph ein trauriges Ende;
Heinrich VI., dessen Haupt schon die deutsche Königs-
krone zierte, übernahm in vollem Umfang die Fortführung
der kaiserlichen Politik und bildete die Ideen und Pläne
seines grossen Vaters der eigenen Individualität entsprechend

---

6) Dass unser Konrad identisch sei mit dem Bischof Konrad
von Lübeck (1183—1185), was früher allgemein angenommen wurde,
lässt sich meines Erachtens nach den Ausführungen von Scheffer-
Boichhorst, Götting. Gelehrten Anz. I, 231, Ficker, Beiträge zur
Reichsgeschichte Italiens, I, 335, A. 8, u. v. Borch S. 9 nicht mehr
behaupten. Gleichwohl sucht Wegele, S. 40, das Resultat dieser
Ausführungen wieder in Zweifel zu ziehen, ohne jedoch andere Gründe
vorzubringen, als diejenigen, denen die Hypothese ursprünglich ihre
Entstehung verdankte. — Toeche giebt für seine Annahme, Konrad
von Querfurt sei der Erzieher Heinrichs VI. gewesen, keine Quelle
an; v. Borch meint, dass vielleicht jener Konrad von Lübeck als
Hofcaplan die Erziehung des jungen Königs geleitet habe.

7) v. Mülverstedt, reg. arch. Magdeb. I, 692.

8) Vgl. die Urkunde S. 28 im Urkundenbuch des historischen
Vereins für Niedersachsen; Abtei Walkenried, I, Heft 2.

9) 1188, Sept. 19: praepositus Goslariensis, Lünig, Reichsarchiv,
XIII, S. 1330.

weiter aus. — Während Burchard von Querfurt, Konrads
ältester Bruder, dem Kaiser nach dem Morgenlande folgte
und bei Antiochien 1190 starb, [10]) ist Konrad selbst daheim
geblieben: über seine Thätigkeit ist nichts überliefert
worden, aber seine Ernennung zum Propst von St. Nikolaus
zu Magdeburg (1190) [11]) und zum Propst zu Aachen (1193)
[12]) ist ein Beweis für die Wertschätzung, deren er sich am
Hofe zu erfreuen hatte. — Im Mai 1194 hatte Heinrich
endlich in Deutschland die Ordnung soweit hergestellt,
dass er zum zweiten Male die Alpen überschreiten und in
sein sicilisches Erbreich eilen konnte. Auf diesem Zuge
folgte Konrad dem Kaiser und empfing dort von demselben
eine hervorragende Anerkennung seiner persönlichen Treue
wie seiner staatsmännischen Fähigkeit, indem ihm im Anfange 1195 das Kanzleramt übertragen wurde. [13]) Konrad
war damit in die Reihe der höchsten Hofbeamten, der
legitimen Berater seines Herrn eingetreten, und die folgenden Jahre beweisen, dass es ihm in der neuen Stellung
gelang, das Vertrauen Heinrichs in immer höherem Masse
zu erringen. Im Sommer 1195 kehrte er, dem Kaiser
folgend, von Apulien, wo er vielleicht damals schon mit
den Vorbereitungen zum Kreuzzuge begonnen hatte, in die
Heimat zurück und wurde im Herbst auf Veranlassung
Heinrichs zum Bischof von Hildesheim gewählt. Aber es
war ihm nicht vergönnt, in Musse sich den neuen geistlichen
und landesherrlichen Pflichten zu widmen und nur zu einem
kurzen Besuche in Hildesheim, im December, hat er die
Zeit gefunden, [14]) denn des Kaisers Befehl bestimmte ihn zu
höherem Zwecke. Heinrich, damals mit dem grossartigen
Plane der Begründung einer Erbmonarchie beschäftigt,

10) Geschichte der Herren von Querfurt, — s. o. Anmerk. 4
zu S. 1.

11) v. Mülverstedt, a. o. O. I. 738.

12) D. betreffende Urkunde in d. ann. Stederburgenses. M.
G. 16, 228.

13) Der Kaiser brach am 12. Mai 1194 von Tritels auf; da
Konrad aber noch am 1. Juni in Magdeburg urkundet, kann er dem
Kaiser erst später gefolgt sein. Urkundlich kommt er in Italien
nur vor in den Monaten März bis Juni 1195: er recognosciert zum
ersten Male als imper. aulae cancell. am 30. März in Bari; Böhmer,
acta imp. select. 182.

Ueber die Frage der Recognitionen des Kanzlers vgl. die ein-
gehende Untersuchung bei Toeche, S. 593 ff.

14) Konrad urkundet am 24. Aug. zu Hagenau (Stumpf. Reichs-
kanzler, II, 453); zum 29. Octob. 1195 wird er zum ersten Male in
chroni. Sanpetr. Erfurt, hgg. von Stübel, electus Hildesheim. genannt;
am 5. Dezem. urkundet er bei Worms (Lüntzel, 486, und genauer in

konnte nicht sogleich nach Italien, wo doch die Wahrung
kaiserlicher und königlicher Autorität höchst notwendig
war, zurückkehren und er sandte deshalb Konrad von
Querfurt mit dem Titel eines: „imperialis aulae cancellarius,
totius Italiae et regni Siciliae legatus" in das unruhige
Land. Spätestens Anfang 1196 ist Konrad abgereist. [14])
Eine schwere Arbeit ruhte auf seinen Schultern: er sollte
selbständig die vom Kaiser inaugurierte Politik fortführen
und seine ganze Kraft in den Dienst der grossartigsten
politischen Idee stellen, welche der mittelalterlichen Welt-
anschauung entsprossen ist.

Heinrich VI. war damals auf dem Wege zum Höhe-
punkte seiner Macht und die Zeit schien nicht fern, wo
auch seine weitgehendsten Pläne sich verwirklichen sollten.
„Die Wut des Nordsturmes durchfuhr die kalabrischen
Berge wie ein neues Erdbeben" [16]) — Innocenz III., der Papst
und Italiener, der dies Wort über den kühnsten Hohenstaufen geschrieben, sah freilich nur die negative Seite in
Heinrichs Thaten und, wenn der Erfolg das einzige
Kriterium geschichtlicher Grösse wäre, man könnte glauben,
dass die ungezügelte Leidenschaft den Grundzug seines
Wesens, den Impuls seines Handelns bildete. Heinrich ist
zu früh seinem hohen Berufe entrissen worden, als dass
er noch unanfechtbar hätte den Beweis bringen können,
er verstehe nicht nur zu vernichten, zu erobern, sondern
auch zu organisieren und aufzubauen, — glaubte er doch
auch jenen ersten Teil seiner Aufgabe noch lange nicht
beendet. Aber die Geschichte darf ihm so wenig die
Grösse absprechen wie einem Innocenz III., dem gleichfalls die Idee des Universalreiches, wenn auch in andrer
Form vorschwebte; diese Idee ist sicherlich auf die Dauer
niemals zu realisieren, aber der Glaube an sie lag im
Wesen des römischen Kaisertums, wie im Geiste jener
sturmdurchwühlten Zeiten, in denen sich mit ihr die Hoff-

der oben erwähnten Lebensbeschreibung. Hann. Gel. Anz. S. 367)
und bald darauf verleiht er dem Kloster Stedernburg in Hildesheim
selbst ein Gut zu Stedern, nach ann. Stederb. XII, 230. Die letztere
Stelle scheint v. Borch, der in der diesbez. Darstellung bei Lüntzel,
486, die Quelle vermisst, übersehen zu haben.

15) Schon am 20. Januar 1196 urkundet Konrad zweimal in
Borgo San Donnino bei Parma; in der ersten Urkunde verordnet er
einen Waffenstillstand zwischen Cremona und Mailand, in der zweiten
befiehlt er den Ortsvorstehern von Cremona, den Einwohnern von
Piacenza die rechtmässige Kriegsbeute zurückzugeben. Toeche,
Heinrich VI., S. 632.

16) Epistolae Innoc. I, 413.

nung auf die Bekehrung der Menschen zu Christo und auf den ewigen Frieden verband. Heinrich zog die äussersten Consequenzen aus jenen Anschauungen, die auch seinen Vater schon beseelt hatten und selbst der Politik eines Karls des Grossen zeitweise die Richtung gewiesen: als der Sohn eines von der ganzen Welt bewunderten Herrschers trug er die Krone, ein stolzer, ehrgeiziger Herr, voll jugendlicher Thatkraft, voll Geist und Talent, seines Könnens sich wohl bewusst, — wie sollte er nicht sein Ziel weiter und höher stecken, als jemals einer seiner Vorgänger auf dem Thron!

Grade auf Konrads ehrgeizige, für alles Grossartige und Wunderbare überaus empfängliche Natur musste eine Persönlichkeit wie Heinrich VI. begeisternd wirken. In freudigem Stolze schrieb er aus Italien an seinen alten Lehrer: „Jetzt hat die kraftvolle Hand Gottes die kaiserliche Herrschaft so weit ausgedehnt, dass wir das, was wir in der Schule nur aus dunklem Wort vernahmen, von Angesicht zu Angesicht erkannten. Ihr braucht ja nicht die Grenzen des Reiches zu überschreiten, braucht nicht den Bereich der Herrschaft des deutschen Volkes zu verlassen, um das zu sehen, auf dessen Beschreibung die Dichter viel Zeit verwendet haben." [17]) Freudig übernahm er sein verantwortungsvolles Amt, und wo es auf kluge Vermittlung und geschickte Diplomatie ankam, hat er zweifellos den Erwartungen Heinrichs voll entsprochen.

17) Der schon oben erwähnte Brief Konrads an Hartbert (Arn. Lub. M. G. 29, 193) ist in mehrfacher Beziehung höchst interessant. Aus jeder Zeile erkennt man den ungemein beweglichen Sinn und die lebhafte Anschauungskraft des Kanzlers; aber wenn man einerseits seine klassische Bildung, zumal seine genaue Kenntnis der Sagen des Altertums bewundert, so ist man andererseits um so mehr überrascht über die Leichtgläubigkeit, mit der er alle jene Fabeln als buchstäblich wahr vorträgt und zugleich die bekanntesten Schauplätze der griechischen Mythologie, z. B. den Olymp, nach Italien versetzt. Jedoch der Wunderglaube lag im Geiste der Zeit, und was den zweiten Punkt betrifft, so kann man nur annehmen, dass in den vielen Jahrhunderten, in denen die italienische Jugend hauptsächlich aus dem Born der hellenischen Bildung ihre geistige Nahrung erhielt, manche Sagen allmählich in Italien localisiert wurden. Sicher ist auch die lange, erst im 12. Jahrhundert endigende Herrschaft der Griechen in Unteritalien sprachlich nicht ganz ohne Einfluss gewesen und hat durch Gräcisierung gewisser Namen Missverständnissen und Umbildungen Vorschub geleistet. — Von Interesse ist Konrads Brief auch dadurch, dass er eins der ersten Zeugnisse für das Aufkommen der Sage vom Zauberer Virgil bildet, die im 13. Jahrhundert, sicher nicht ohne Mitwirkung dieses Schreibens, auch in Deutschland immer grössere Verbreitung fand. Vgl. hierüber die Ausführungen von Willmanns in seiner Ausgabe der Kaiserchronik.

Mehrfach vermittelnd zwischen den sich befehdenden Städten und Parteien, Ordnung und Recht wiederherstellend, [18]) zog er durch die Landschaften der gesegneten Halbinsel. Von froher Bewunderung ist er erfüllt für die Schönheiten der Natur und Kunst; mit dem naiven Wunderglauben seiner Zeit betrachtet er alles Ungewöhnliche und Grossartige und sucht und findet überall die Einwirkung übernatürlicher Kräfte, wie er das selbst in dem schon erwähnten Briefe an den Propst Hartbert zu Hildesheim trefflich schildert. In Heinrichs Erbreich vollzog er, ohne dass der Schutz des Zauberers Virgil es hätte hindern können, die Zerstörung der Mauern Neapels und widmete sich dann besonders der Ordnung des Steuerwesens. Aber es scheint, als ob seine Thätigkeit grade im Königreich sehr eingeschränkt worden sei durch die Befugnisse der Feldherren Heinrichs, welche mit eiserner Faust das Land beherrschten. [19]) Schon im Sommer erschien auch der Kaiser selbst in Italien, im Dezember war er in Capua, und in den nächsten Monaten nach dem Niederwerfen der grossen Verschwörung regierten Willkür und Grausamkeit im unglücklichen Normannenreich. Konrad gewann Zeit, immer mehr eine andre, noch grössere Aufgabe zu pflegen, welche, eng zu sammenhängend mit der Gesamtpolitik Heinrichs, ihm schon vor langer Zeit übertragen war, aber jetzt erst energisch in Angriff genommen werden konnte: die Vorbereitung des Kreuzzuges.

Schon am 31. März 1195 hatte Heinrich zu Bari das Kreuz genommen und dadurch seinen Zwist mit der Kurie beendet; kurze Zeit nachher erliess er das Schreiben an den Klerus, in welchem zur Beteiligung am Zuge aufgefordert, die Ernennung der Anführer aber sogleich dem Kaiser vorbehalten wurde. Die leitende Idee bei dem Entschlusse Heinrichs ist in folgenden Worten trefflich charakterisiert worden: [20]) „Kaum je ist ein Kreuzzug so wenig dem frommen Drange entsprungen, als der Heinrichs VI. Das Ziel dieses Planes war einfach dieses: Palästina sollte

---

18) Die Urkunden, in denen Konrad sich als „totius Italiae et regni siciliae legatus" bezeichnet, sind nicht zahlreich; vgl. ausser den oben genannten (Anm 2 zu Seite 5) noch diejenige vom 30. Juni, Majori bei Salerno, wo er der Kirche von Minori eine Schenkung bestätigt; Ughelli, Italia sacra VII., 302. — Ansbert de exped. Frid. p 126: cancellarius imperialis aulae, qui etiam negotia imperii in tota Apulia, Sicilia, Calabria prudenter disponebat.

19) Dieser Ansicht ist auch v. Borch, S. 20.

20) Toeche, S. 380.

dem römischen Reiche unterthan werden, dort sollte die
deutsche Herrschaft festen Fuss fassen und die umliegenden
oströmischen Lehnsreiche allmählich zum Anschluss nötigen,
so von Osten und Westen zugleich sollte der Angriff auf
Byzanz beginnen. Dieser Kreuzzug war nichts als der
vortrefflich erwählte Weg, das Weltreich zu verwirklichen."
Bei solchen Plänen lag Heinrich natürlich daran, dass der
Kern des Kreuzheeres aus deutschen Rittern bestand und
dass, falls es die italienischen Verhältnisse ihm nicht er-
laubten, selbst mitzuziehen, der Mann, welcher das Unternehmen leitete, seiner Politik unbedingt ergeben war. —
Konrad von Querfurt war schon vor seiner Rückkehr nach
Deutschland im Jahre 1195 angewiesen worden, in Apulien
Geld und Proviant zu sammeln und Schiffe für die Expedition
in Bereitschaft zu setzen, [21]) auf dem Reichstage zu Geln-
hausen, 28. Oktober 1195, oder kurz nachher, [22]) hatte er das
Kreuz genommen und setzte, zumal seit dem Herbste 1196,
in Unteritalien die Rüstungen mit dem grössten Eifer fort.
Der Aufruf Heinrichs hatte einen grossen Erfolg: die
mächtigsten weltlichen und geistlichen Fürsten, die Blüte
der deutschen Ritterschaft langten seit dem Frühling 1197
nach und nach in Apulien an, um von dort aus die Ueberfahrt nach dem heiligen Lande gemeinsam anzutreten.

Ein Freudentag war es in jener Zeit für Konrad, als
er als Bischof von Hildesheim am 22. Juni 1197 die St.
Nikolauskirche zu Bari festlich einweihen konnte. [23]) Aus
allen umliegenden Hafenstädten waren die Kreuzfahrer

---

21) So berichtet Arnold von Lübeck, a. o. O. 21, 202. Da der
Kanzler in dessen im August schon in der Umgebung des Kaisers
in Hagenau weilte, so nimmt v. Borch an, dass dieser Vorgang in's
Jahr 1196 zu setzen sei; aber in diesem Jahre weilte der Kaiser im
August längst in Italien, während die Botschaft auf einen Brief
Cölestins hin von Strassburg aus erlassen ist. Ich möchte deshalb
für 1195 mich entscheiden, und in der Anordnung Heinrichs den
ersten Schritt, den gefassten Entschluss zu verwirklichen, erblicken.
Konrad würde den kaiserlichen Befehl dann auf dem Heimwege
empfangen haben.

22) D. chronic. Sanpetr. giebt den 28. October an, während
die ann. Marbac. (SS. 17,166) erzählen, dass es erst nach einer Predigt
des Cardinals Petrus, am 6. Dez. in Worms geschehen sei.

23) Am 20. März d. J. nennt sich Konrad zum ersten Male
„dei gratia episcopus Hildeshemensis." (Böhmer, acta imp. sel. S. 616);
er muss also schon vor dieser Zeit die Weihe zum Bischof empfangen
haben, wenn auch Arnold v. Lübeck behauptet: in eadem profectione
(dem Kreuzzuge) ordinatus sacerdos et episcopus. Bei dieser Gelegenheit war es auch jedenfalls, wo er sich vom Papst Cölestin das
Zugeständnis erwirkte, es solle ihm freistehen, „omissa ad papam
appellatione, ad altiora officia procedere"; hiervon wird weiter unten

nach Bari geeilt und unter grossem Gepränge, von Erzbischöfen, Bischöfen und Aebten umgeben, vollzog er den feierlichen Akt. Er liess es sich bei dieser Gelegenheit nicht nehmen, alle Anwesenden, besonders aber die Geistlichen, durch kostbare Geschenke zu erfreuen. [24])

Nachdem im August auch die norddeutschen Kreuzfahrer, welche von Anfang an den Seeweg eingeschlagen hatten, gelandet waren, stand der Abfahrt nach Palästina nichts mehr im Wege. [25])

Das Kreuzheer, dessen Stärke von Arnold von Lübeck auf 60,000 Mann geschätzt wurde, war durch die unermüdliche Fürsorge Heinrichs und seines Kanzlers aufs beste ausgerüstet und von froher Siegeszuversicht beseelt. Der Kaiser hatte es sich zwar schliesslich versagt, selbst an die Spitze zu treten, aber man fühlte sich ermutigt in dem Gedanken, unter den Auspicien des siegreichen Hohenstaufen, der auf dem Gipfel seiner Macht stand, an das fromme Werk zu gehen. Zum offiziellen Oberhaupte im Rate der Fürsten war der Erzbischof Konrad von Mainz gesetzt, der vornehmste unter den geistlichen Würdenträgern; [26]) die faktische Leitung des Ganzen aber lag in den Händen dessen, der nicht nur durch die jahrelange Thätigkeit im Interesse dieser Sache das Vertrauen seines

die Rede sein. — In einer Urkunde vom 3. Aug. 1197 heisst es (nach Stumpf, Reichscanzler, II 465) in der Recognitionszeile: Ego Conradus Puldeneshofer episcop. u. s. w. v. Borch sucht daraus in einer längeren Auseinandersetzung, S. 22 und 23 zu folgern, dass Konrad in der Oberpfalz einen Landstrich geerbt habe, nach welchem er sich „Conrad von Pullenhof" genannt habe; „auch ist nicht zu übersehen, dass der Kanzler sich gerade nach jenem Orte in einer Urkunde nennt, in welcher dem Marschall in nicht zu grosser Entfernung Schenkungen gemacht werden, gleichsam wie ein Gruss in die Heimat." Der letztere Satz klingt doch mehr wie verwegen! In sämmtlichen vorangehenden und nachfolgenden Urkunden heisst es in dem Titel des Kanzlers: Conradus Hildenesh. episc., in dieser einzigen fehlt der Name des Bistums und dafür steht: Puldeneshofer episc., — soll man da nicht an ein Versehen des Schreibers oder eines Abschreibers denken, der aus Hildenesh. das ähnliche Puldenesh. gemacht hat, und den nunmehr unverständlichen Namen mit hofer ergänzte?

24) Gesta episc. Halberst. SS. 23. 112.

25) Die Hauptquelle für das Folgende bildet die Erzählung Arnolds von Lübeck a. o. O. S. 205—213, auf die ich hier im allgemeinen verweise. Grundlegend für meine Darstellung war im übrigen Wilken, Geschichte der Kreuzzüge, B. 5. S. 1—58.

26) Wilken, a. c. O. S. 20. Dass Konrad von Wittelsbach wenigstens der Form nach nicht hinter dem Kanzler Konrad zurücktreten durfte, ist bei seinem hohen Range, wie bei seiner persönlichen Bedeutung selbstverständlich.

Herrn wohlverdient hatte, sondern auch unzweifelhaft in
dessen rein politische Pläne völlig eingeweiht war, Konrads
von Hildesheim, des kaiserlichen Kanzlers. Ihm waren
die Belohnungen übergeben worden, die der Kaiser für
jene Krieger bestimmt hatte, welche die Kämpfe des Herrn
mannhaft bestehen würden; an seinen Rat und seine Zustimmung, die im Namen des Kaisers gegeben wurde,
waren die Fürsten gebunden, wenn es sich um wichtige
Beschlüsse handelte. [27] Und als Stellvertreter des Schirm-
herrn der Christenheit, als Anführer so vieler kampflustiger
Fürsten und Herren, fühlte sich Konrad, da man endlich
am 1. September 1197 die Anker lichtete; zwei Königs-
kronen, bestimmt für Fürsten des fernen Ostens, die ihr
Reich von Heinrich, dem künftigen Beherrscher des Morgen-
landes schon jetzt zu Lehen genommen hatten, führte er
mit sich; und mit königlichem Prunke umgab er sich, so
dass der Chronist bewundernd von der Last des goldenen
und silbernen Gerätes spricht, welches seine Tafel schmückte.

Die Ueberfahrt verlief glücklich, schon am 22. September landete die Flotte in Ptolemais. Der Kanzler hatte
sich vorher von dem Heere getrennt und war mit mehreren
Fürsten, unter ihnen sein Schwager, Graf Adolf von
Schaumburg, nach Cypern gesegelt, um hier die Krönung
des Königs Amalrich zu vollziehen. Er verstand es, die
Majestät des Reiches aufs glänzendste zu repräsentieren
und die Verbindung, in welche er damals mit Amalrich
trat, zeitigte bald wichtige politische Resultate. Als nach
kurzer Verzögerung Konrad ebenfalls das heilige Land be-
trat, fand er dort schon alles in grösster Verwirrung.
Sultan Malek al Adel hatte Joppe genommen und als der
König von Jerusalem, Graf Heinrich von Champagne, der
Stadt zu Hilfe eilen wollte, war er von einem plötzlichen
Tode ereilt. Ueber die Neuwahl entbrannte nun ein heftiger
Streit, in welchem es Konrad gelang, den auch von den
Grossmeistern der Orden des Tempels und Hospitals auf-
gestellten Kandidaten schliesslich durchzubringen, indem
„seinem Rate gemäss" Amalrich auch zum König von
Jerusalem gewählt wurde. [28] Dies war immerhin ein Sieg

27) Dies ist aus mehreren Beispielen ersichtlich, z. B. bei
Gelegenheit der Wahl Amalrichs zum König von Jerusalem und bei
den Verhandlungen vor Toron.

28) Manche wünschten als Nachfolger Heinrichs den Bruder des
Hugo von Tiberias, Rudolf; nach der Entscheidung des Kanzlers
aber, der natürlich die Wahl des eben von ihm zum Könige ge-

der deutschen Politik, aber andrerseits hatten der Tod des
Grafen Heinrich wie der Fall von Joppe schon einen sehr
nachteiligen Einfluss auf die anfangs so gehobene Stimmung
der deutschen Pilger geübt.

Den ungünstigen Ereignissen noch vor Beginn der
eigentlichen Unternehmungen entsprach der weitere Verlauf
dieses Kreuzzuges. Es wäre aber sehr ungerecht, wollte
man die Schuld an dem Misserfolg einer verkehrten Führung
des Kanzlers aufbürden, wo doch seine Ursachen auf ganz
andern Gebieten zu suchen sind.

Zwischem dem deutschen Pilgerheer einerseits und den
syrischen Grossen, den geistlichen Ritterorden und den
noch vom vorigen Kreuzzuge dort weilenden französischen
und englischen Kreuzfahrern andrerseits fehlte die Ein-
mütigkeit im Wollen und Vollbringen; sie hinderten einander mehr, als sie sich nützten. Die Deutschen waren
eigensinnig, hielten für ihr Recht das zu thun, was ihnen ge-
fiel, trotzten auf ihre unbesiegten Waffen, waren zwar
ihren Führern treu ergeben, — das Leben hätten sie lieber
gelassen als die Treue, — aber von grossem Misstrauen erfüllt gegen alle, die nicht zu ihrer Nation gehörten. [29])
Durch solche Eigenschaften verschärften sie ausserordentlich
die Abneigung, welche die christlichen syrischen Barone
ihnen entgegen brachten; denn diese, nicht minder miss-
trauisch als die Pilger, suchten mit den Ungläubigen möglichst auf friedlichem Fusse zu leben und waren überhaupt
von der Ankunft des Kreuzheeres wenig erbaut. Da sie
aber einmal den Ausbruch des Kampfes nicht zu hindern
vermochten, so wünschten sie ihn, anstatt auf das heilige
Land selbst, lieber auf die Einnahme oder Sicherung der
Küstenplätze zu lenken, damit sie für ihren Handel Vorteil daraus zögen. Indem sie nun scheinbar eine entgegen-
kommende Haltung einnahmen, gelang es in der That
ihrer geschickten Ueberredung das Kreuzheer diesem Zwecke
dienstbar zu machen; auch der Zug nach dem nördlich
gelegenen Beirut, mit dem die Operationen der Pilger begannen, ist nur so zu erklären. Konrad, der mit politischem
Blick die Zukunft ins Auge fasste, wird diesem Unternehmen nicht widerstrebt haben, aber viele Pilger, welche

---

krönten Amalrich v. Cypern nur billigen konnte, fügten sie sich,
ausser dem Hugo, der sogar ein Attentat auf Amalrich in's Werk
gesetzt haben soll. Wilken, S. 29.

29) Diese Charakteristik findet sich im chronic. Ursperg SS.
23, 365.

nur aus frommer Begeisterung an der Fahrt teilnahmen, wurden verstimmt und verloren die Lust zur Sache, obwohl grade jene Expedition unter hervorragender Mitwirkung Konrads, der die Flotte mit dem Fussvolk führte, von günstigem Erfolge gekrönt war.

So standen die Dinge, als plötzlich im Anfange des Dezember die Nachricht vom Tode Kaiser Heinrichs [30]) unter die Pilger fuhr und ihre ohnehin schon gesunkene Kampfeslust fast gänzlich verscheuchte. Man wusste, dass mit dem Hinscheiden eines solchen Mannes, der allein durch die Kraft seiner Persönlichkeit die vielen zersetzenden Elemente in dem weiten Reiche vorläufig unschädlich gemacht hatte, alle Verhältnisse des öffentlichen und privaten Rechts ins Schwanken geraten mussten. Lange Sorge erfüllte Fürsten und Herren und die Sehnsucht nach der Heimat erwachte, wo sie Stellung und Besitz schweren Gefahren preisgegeben wussten. Und wie mochte erst dem Kanzler zu Mute sein, da derjenige, für den er hier im fernen Osten unermüdlich thätig war, so jäh aus diesem Leben geschieden! Die Aussicht auf das Weltreich verschwand mit dem Augenblick, da Heinrich starb; getragen von einer gewaltigen Persönlichkeit kann eine solche Idee wohl Staatsmänner und Feldherren zum gemeinsamen Dienste begeistern, aber wenn plötzlich ein zartes Kind den Mittelpunkt des Ganzen bilden soll, so erwachen Verzagtheit und Selbstsucht und jeder sucht für sich zu retten, was er kann. Konrad vergass indessen nicht, was die Pflicht gegen den toten Herrn ihm zunächst vorschrieb, indem er bewirkte, dass die Kreuzfahrer dem schon vor einem Jahre zum Könige gewählten Friedrich II. feierlich den Schwur der Treue erneuerten. Es wird nicht bemerkt, dass sich irgend einer dagegen gesträubt habe und sie mögen, indem

---

30) Die Ansichten schwanken, wann die Todesnachricht die Kreuzfahrer erreicht habe. Wilken, S. 42 nimmt an, dass man sie schon in Beirut erfahren habe, doch fügt er hinzu: „nach Albert v. Stade, Hugo Plagon und Bernardus Thesaurius erfuhren die Deutschen den Tod des Kaisers erst während der Belagerung von Toron." Das letztere ist sehr wohl möglich; keinesfalls aber kann ich mich entschliessen, anderen. z. B. noch Wegele, S. 49. beizustimmen, welche meinen, dass erst Anfang Februar 1198, die Trauerkunde nach dem heiligen Lande gelangt sei. Die Pilger hatten jene Entfernung in drei Wochen zurückgelegt und nun sollten die Boten einer so wichtigen Nachricht vier Monate gebrauchen? Man ist zur Aufstellung dieser Ansicht, zu der allerdings Arn. Lub. wie die gesta episc. Halberst (S S. 23, 112) eine Basis bieten, wohl nur gekommen, weil sie in bequemer Weise die spätere plötzliche Aufhebung der Belagerung von Toron zu erklären vermag.

sie aus ihrem eignen Handeln einen Schluss auf die
Haltung der Deutschen daheim zogen, darin eine Art Be-
ruhigung gefunden haben.

So wenig im Ganzen die Stimmung der Pilger einer
Fortsetzung des Kampfes geneigt war, so scheint man doch
eine gewisse moralische Verpflichtung gefühlt zu haben,
einstweilen noch im heiligen Lande auszuhalten. Das Heer
zog von Beirut nach Süden und begann, nachdem der Sultan
Malek al Adel in der Annahme, dass kriegerische Operationen
einstweilen nicht zu erwarten seien, sein Heer bereits ent-
lassen hatte, am 11. Dezember die Belagerung des festen
Platzes Toron, einige Meilen südlich von Tyrus auf dem
Wege nach Tiberias. Diese Action bedeutet wiederum
einen Sieg der syrischen Interessen, [31]) denn jener Platz
war durch seine Lage der Einwohnerschaft von Tyrus im
höchsten Grade lästig. Die Belagerung wurde sehr kunst-
gerecht geführt, indem man durch sächsische Pilger aus der
Gegend von Goslar die Festungswerke unterminierte und
zwar mit solchem Erfolge, dass nach 4 Wochen die Belagerten
Unterhandlungen anknüpften. Arnold von Lübeck schildert
die letzteren und es ergiebt sich, wenn auch im Einzelnen
manches dunkel bleibt, aus seiner Darstellung mit ziemlicher
Bestimmtheit das folgende: es waren drei Parteien im christlichen Lager, deren eine, an ihrer Spitze der Herzog von
Brabant, durch gütliche Uebereinkunft den Platz zu gewinnen suchte, während die zweite, beeinflusst vom Kanzler
Konrad, von einem Vertrage nichts wissen wollte, da der
Platz nach kurzer Zeit ohne Bedingung fallen musste; [32])
die dritte endlich, die syrischen Barone, suchte durch

---

31) Otto v. St. Blasien. chronic. SS. 20, 326: nam quae sua
sunt, non quae Jesu Christi quaerentes, regionem maritimam, quae
fertilissima est propter rerum ubertatem, tantum obtinere delectantur,
Jerusalem sepulcrumque Domini parvi pendentes.

32) Herzog Heinrich von Brabant war vom Heere zum Leiter
der militärischen Operationen erwählt worden. Nach Arnolds Erzählung kamen die Boten der Ungläubigen zunächst in das Lager
des Pfalzgrafen, der sie zum Herzog von Brabant führte; in einem
von diesem zusammengerufenen Fürstenrate beschloss man sofort,
auf einen Vertrag einzugehen, laut dessen die Burg mit ihren ge-
sammten Kostbarkeiten übergeben, der Besatzung freier Abzug gewährt werden und die Unterhändler selbst erst gegen Zahlung eines
Lösegeldes ausgeliefert werden sollten. Als der nicht anwesende
Kanzler aber diesen Vertrag ratificieren sollte, entschuldigte er sich
mit Unwohlsein. Trotzdem hielten die Fürsten die Abmachungen
aufrecht. Darauf fühlte indessen Konrads Schwager. Adolf von
Holstein, noch das Bedürfnis, die Unterhändler mit Schrecken zu
erfüllen, indem er sie an die Grubeneingänge führte; und zugleich

Intriguen Zwietracht zu säen und ermutigte in der Hoffnung,
dass man bei dieser Gelegenheit der unbequemen Gäste
aus dem Abendlande ledig werden könnte, woran ihnen
mehr lag als an der Eroberung Torons, heimlich die Belagerten zu weiterem Ausharren. [33]) Indem bald die erste,
bald die zweite Partei das Uebergewicht hatte, vergingen
mehrere Wochen, während derer den Ungläubigen um so
mehr der Mut wieder wuchs, als Malek al Adel ein Ersatz-
heer bereits wieder rüstete und im christlichen Lager nicht
nur die Uneinigkeit, sondern auch Mangel an Lebensmitteln
lähmend auf jedes energische Vorgehen wirkte. Ende Januar
schickte man einen grossen Teil des Heeres als „Karawane"
nach Tyrus, [34]) welche Proviant herbeischaffen sollte, und
die nach Tagen banger Erwartung zu allgemeiner Freude
am 1. Februar [35]) zurückkehrte. Es fand sofort ein Kriegs-
rat der Fürsten statt und dieser beschloss, am nächsten
Tage einen allgemeinen Sturm auf die Festung zu wagen,
was unter den Pilgern grosse Freude hervorgerufen haben
soll. Während man noch mit den Vorbereitungen beschäftigt war, verbreitete sich plötzlich die Kunde: Der
Kanzler Konrad ist mit seinem ganzen Tross nach Tyrus
aufgebrochen und alle Fürsten sind im Begriff ihm zu folgen.
Nun war auch unter der Menge kein Halten mehr, zu Fuss
und zu Pferde eilte alles von dannen, dem schützenden
Tyrus zu.

---

begannen die mit dem Vertrag Unzufriedenen einen äusserst heftigen
Angriff auf die Burg. Dieser gelang jedoch nicht und der Vertrag
wurde nunmehr auch vom Kanzler nach weiteren Verhandlungen
unter der Bedingung bestätigt, dass bis zur Erfüllung desselben
Geiseln gestellt würden. Aus Arnolds Darstellung erkennt man
deutlich die anfängliche Gegnerschaft Konrads gegen eine gütliche
Uebereinkunft. Es ist ferner selbstverständlich, dass die Verhandlungen sich nicht in so kurzer Zeit abwickeln konnten, wie Arnold
es darstellt, da sich dann der Umschwung in der Stimmung der
Belagerten, die doch selbst jene Boten ausgeschickt hatten, nicht
erklären würde; dieser erfolgte erst allmählich unter dem Eindruck
der grossen Uneinigkeit, welche man in der nächsten Zeit im feind-
lichen Lager konstatierte, und der Erwartung eines Entsatzes durch
Malek al Adel, von welcher man vielleicht ebenfalls während des
Aufenthaltes im christlichen Lager Kunde bekam.

33) So erzählt Wilken, S. 49, nach einer arabischen Quelle,
welche auch das Heranziehen Malek al Adels, der seine Truppen mit
denen des Sultans Malek al Asis von Egypten vereinigt hatte, berichtet: (S. 51).

34) Arn. Lubic.: dimidiabant ergo (— propter timorem hostium —)
exercitum, cum alii irent, qui carvani dicebantur, alii vero in excubiis
remaneront.

35) Am Tage vor Mariä Reinigung: (2. Februar.)

Der vielgeschmähte, fluchtartige Rückzug Konrads
lässt sich bei genauer Erwägung der vorhergegangenen
Ereignisse und der begleitenden Umstände nicht schwer
begreifen. Der Unmut im eigenen Lager liess nicht minder
als die bedrohliche Nähe des Sultans, die aus jenem Be-
schlusse des Kriegsrates, am nächsten Tage plötzlich den
Sturm zu wagen, abgeleitet werden kann, jeden Angriff
wenig ratsam erscheinen. Wenige Wochen früher wäre
der Sturm mit dem besten Erfolge möglich gewesen, jetzt
stand, selbst wenn die Eroberung Torons gelang, ein weiterer
Kampf gegen das noch nicht ermüdete Heer des Sultans
von Damaskus bevor. [36]) Dies wird auch im Kriegsrate
erörtert sein, aber es mag keiner den Mut gehabt haben,
den Rückzug im heiligen Kriege anzuraten; ob Konrad
schon dort für das Aufgeben der Belagerung gestimmt,
oder ob er erst nach dem Ende der Beratung in seinem
Zelte sich zu einem entscheidenden Entschluss aufraffte,
lässt sich nicht ersehen. Jedenfalls wurde der Entschluss
dem Kanzler auch dadurch erleichtert, dass dieser bei aller
Begeisterung für die religiösen Ideen seiner Zeit doch
grade den Kreuzzug stets in erster Linie als Politiker betrachtet hatte und dadurch sich in einer Stimmung befand,
welche ihn ebenso zu einer ruhigen Beurteilung dessen,
was zu erreichen möglich war, befähigte, als sie vor jedem
tollkühnen, aus religiöser Schwärmerei hervorgehenden
Unternehmen zurückschreckte. Es liegt endlich auch die
Vermutung sehr nahe, dass jene „Karawane" von Tyrus her
über das Wirrsal im Reiche Nachrichten mitgebracht hatte,
die in dem Kanzler das Verlangen nach der Rückkehr zu
einem unwiderstehlichen machten; vielleicht wurde ihm
sogar damals schon die Kunde von seiner inzwischen er-
folgten Wahl zum Bischof von Würzburg überbracht. Wie
scharf Konrad übrigens die wahre Stimmung im Pilgerheere
durchschaut hatte, zeigt sich am besten darin, dass seine
Abreise sofort das Signal zu einem allgemeinen Aufbruch
gab. Man war froh, jemand gefunden zu haben, auf den
die ganze Verschuldung geschoben werden konnte und man
liess sich diese willkommne Ausrede auch später in Deutschland keineswegs entgehen, so dass sich der auch sonst oft
leichtfertige Otto von St. Blasien sogar zu der Anklage

---

36) Auch die gesta episcop. Halberst. (S S. 23. 112) bestätigen,
dass die Pilger hauptsächlich durch ein „zahlreiches. von Babilonia
kommendes Heer der Saracenen gezwungen seien, die 'Belagerung
aufzugeben."

verstieg, [37]) Konrad sei von den Ungläubigen durch Vermittlung einiger Templer, — noch dazu mit falschem Gelde — bestochen worden. Auch hier suchte man eben, wie so häufig in der Geschichte, schwere Niederlagen durch angeblichen Verrat zu erklären und zu bemänteln.

Am 2. Februar langten die flüchtigen Schaaren, welche sogar die Kranken und Verwundeten im Stiche gelassen hatten, in Tyrus an, und man begann sofort, indem man zugleich einige Massregeln traf, um die Küstenplätze zu sichern, die Vorbereitungen zur Heimkehr. Diese zogen sich ziemlich lange hin, denn wenn auch einzelne schon im Februar abgereist sein werden, so befanden sich doch die vornehmsten Fürsten im Anfang März noch im heiligen Lande. Unter ihnen auch der Kanzler, der damals mit vielen deutschen Fürsten und syrischen Baronen die Umwandlung der Spitalbruderschaft der heiligen Maria der Deutschen in einen geistlichen Ritterorden vornahm, [38]) eine Massnahme, die von Heinrich VI. als ein wichtiges Moment in seiner orientalischen Politik lange vorbereitet war. Unmittelbar nach diesem feierlichen Akte aber muss Konrad abgesegelt sein. Ihm folgten, teils von Accon, teils von Tyrus aus, im Laufe des März die Mehrzahl der Kreuzfahrer und nur wenige blieben zurück, wie Konrad von Mainz, der am 8. Januar Leo von Armenien in Stellvertretung des damals für unabkömmlich erklärten Kanzlers zum Könige gekrönt hatte und nun noch eine Versöhnung zwischen diesem und Boemund III. von Antiochien herbeizuführen wünschte. [39])

Die Kreuzfahrer schlugen auf der Heimkehr sehr verschiedene Wege ein, einige segelten bis Marseille, andere nach Genua, die dritten landeten in Apulien, wo sie viel Ungemach erduldeten, und manche endlich fuhren das adriatische Meer aufwärts und zogen über Venedig oder durch Istrien weiter. [40]) Den letzteren Weg darf man wohl für den kürzesten und bequemsten halten und da Konrad thatsächlich die Reise sehr schnell zurückgelegt hat, so ist es wahrscheinlich, dass er, ebenso wie Gardolf von Halberstadt, dem der Graf Meinhard von Görz sicheres

37) Otto v. St. Blasien S S. 20, 327.
38) Vgl. darüber Töche, S. 465 und Winkelmann, S. 59, A. 1. — Relatio de ordine Theutonico, Script. rerum Pruss. I, 223.
39) Arn. Lubic. S S. 21, 213.
40) Ueber die Heimkehr der Kreuzfahrer, s. Winkelmann, S. 63.

Geleit gab, [41] diesen Weg gewählt hat. Bereits am 21. Mai
stellte Konrad in der freien Reichsstadt Nordhausen eine
Urkunde aus. [42]

Der Kanzler hatte Grund genug zur Eile gehabt.
Eine der traurigsten Epochen der deutschen Geschichte
war angebrochen. Alle Schranken der Selbstzucht waren
gefallen und das Staatswesen, so überreich an Keimen der
Decentralisation, schien aus den Fugen gehen zu wollen,
als die Kunde von Heinrichs jähem Tode durch die Lande
getragen wurde. Niemals war es notwendiger als in jenem
verhängnisvollen Jahre, dass das den Händen des sterbenden
Herrschers entsinkende Scepter von einem kraftvollen, ziel-
bewussten Manne sofort wieder ergriffen würde, aber grade
damals verhinderten fürstlicher Egoismus und reichs-
städtischer Partikularismus nicht nur die Anerkennung
des Erwählten Königs Friedrich und damit die vormund-
schaftliche Regierung seines Oheims Philipp, sondern sie
scheuten sich auch nicht, durch eine Doppelwahl alle
Schrecken des Bürgerkrieges über das Land herbeizuführen.
Die Kreuzfahrer hatten im heiligen Lande in korrekter
Weise Friedrich dem Zweiten den Schwur der Treue
erneuert; als die ersten von ihnen aber den heimatlichen
Boden betraten, war Philipp von Schwaben bereits zum
Könige ausgerufen und Otto von Poitou zog auf den Rat der
Gegner des staufischen Hauses herbei, um sich ebenfalls
mit der Krone zu schmücken. Den treuen Anhängern des
staufischen Königtums unter den fürstlichen Kreuzfahrern
kann die Entscheidung, welche Politik sie nunmehr einzu-
schlagen hätten, nicht zweifelhaft gewesen sein. Am wenigsten einem Konrad von Querfurt. „Hic declinavit in partem
Philippi" berichtet der Propst von Ursperg; [43] und wie der

---

41) Gesta episcop. Halberst. S S. 23, 113,

42) Diese Angabe findet sich bei Lüntzel, Geschichte von Hildesheim, S. 490: „Northusen, XII. kal. Jun. Als Hildesheimer Bischof
und Kanzler des kaiserlichen Hofes giebt Konrad dem Domkapitel
die Vogtei über das Meierding Lede." Hierdurch erledigt sich
ebenso wie durch die aktenmässig feststehende Teilnahme Konrads
an dem Bündnisabschluss von Worms, 20. Juni, die Angabe des
chronic. sampetrn., dass der Kanzler mit vielen andern Fürsten erst
circum festum Jacobi (25. Juli) aus dem heiligen Lande zurückgekehrt sei. Zu den am frühesten zurückgekehrten Kreuzfahrern ge-
hört auch der junge Walram von Limburg, der bereits am 18. Juni
gemeinsam mit Heinrich von Waldburg die Verteidigung Aachens
gegen Otto IV. leitete.

43) Chronic-Ursperg S S. 23, 368. — Die Situation in Deutschland
nach Ausbruch des Thronstreites wird sehr anschaulich geschildert
in den gesta episc. Halberst. S S., 23, 114, besonders die üble Lage

Kanzler, so handelten die sämmtlichen Reichshofbeamten. Es ist diesen treuen Mannen ihres verstorbenen Herren sicher schwer genug geworden, demjenigen untreu zu werden, dem sie zweimal gehuldigt hatten; aber dieselben Gründe welche Philipp selbst nach langem Zögern bewogen hatten, die Wahl anzunehmen, waren für sie ausschlaggebend, dieselbe anzuerkennen. Galt es doch vor allem, dem staufischen Geschlechte die Krone zu erhalten und die einzige Möglichkeit, dass dies gelänge, lag in der Wahl Philipps; so wurde die Person Friedrichs geopfert, um das Recht der Dynastie zu retten. Aber es ist charakteristisch für die Zeitverhältnisse, dass selbst diejenigen, welche es am treuesten mit dem Königtum und dem Hause der Staufer meinten, sich eines Treubruchs schuldig machen mussten, der nicht ganz ohne Einfluss auf ihre moralische Denkweise bleiben konnte.

Beim Beginn des Thronstreites befand sich Philipp in einer ungleich günstigeren Lage als sein Gegner. Er konnte sich nicht nur auf die gewaltige staufische Hausmacht verlassen, sondern auch der grösste Teil des deutschen Klerus, der in so vielen Stürmen als die feste Stütze des Königtums erprobt war, stellte seine materiellen und geistigen Kräfte dem staufischen Könige zur Verfügung. Aber als im weitern Verlaufe des Kampfes Philipp genötigt war, durch „Milde" die Fürsten zu gewinnen und sich ihrer Treue zu versichern, wurde das Reichs- und Familiengut zersplittert und verschleudert, so dass wenige Jahrzehnte später die königliche Würde zum leeren Schall geworden ist; die stolze Selbständigkeit der deutschen Kirche aber wurde in ihren Wurzeln bedroht, nachdem am 8. Januar 1198 Lothar von Segni als Innocenz III. den päpstlichen Stuhl bestiegen hatte.

Dieser gewaltige Papst, in seinem ganzen Handeln nur von der Idee geleitet, dem Stellvertreter Gottes auf Erden die Oberherrschaft auch über alle weltlichen Gewalten zu verschaffen, musste in notwendiger Consequenz seiner Politik die freie Stellung, welche insbesondere die Bischöfe der deutschen Kirche noch einnahmen, aus zwei-

---

des Bischofs Gardolf von Halberstadt, der, mit Mühe und Not in die Heimat zurückgelangt, der Scylla nur entronnen sei, um der Charybdis anheimzufallen. Durch die Lage seines Bistums befand sich Gardolf allerdings in schwieriger Stellung und man kann sein Zagen begreifen: ein Konrad von Hildesheim freilich, dessen Land den welfischen Allodien noch näher lag, liess sich durch solche Erwägungen nicht einschüchtern.

fachem Grunde bekämpfen: [44]) vom theoretischen Standpunkte durfte er nicht dulden, dass die straffe Gliederung der Hierarchie, welcher auf der dritten Lateransynode das Programm aufgestellt war, hier eine Unterbrechung fand, und vom praktischen musste ihm daran gelegen sein, die materielle Macht, welche die deutschen Bischöfe in weit höherem Masse besassen als die jedes anderen Landes, in dem, — gleichviel wer aus dem Thronstreit als Sieger hervorging, — unausbleiblichen Kampfe gegen das Kaisertum stets zu seiner Verfügung zu haben. Indem der Papst diesen Anschauungen in Wort und That entsprechenden Ausdruck verlieh, kam er mit einer Reihe von Bischöfen in scharfe Konflikte, welche, da sie wieder ein neues Moment in die Kämpfe jener Zeit warfen, die deutschen Angelegenheiten noch verwickelter, die Entscheidung noch unberechenbarer machten. Als Bundesgenossen standen dem Papst dabei zur Seite die unzweifelhaft hierarchische Gesinnung eines grossen Teils des Klerus, besonders des niedern, und der Klöster, sowie die Interessen derjenigen Bischöfe, welche, über eine wirklich bedeutende landesfürstliche Macht verfügend, durch das Streben nach Er weiterung derselben in Opposition gegen das Königtum geraten waren und, um letzeres zu schädigen, auch das Bündnis mit dem Papste zeitweilig nicht verschmähten.

Es ist bereits erwähnt worden, dass Konrad, der „Kanzler des kaiserlichen Hofes" die Partei Philipps ergriffen habe; nicht minder musste er als Bischof von Hildesheim, der sein Land aus eines staufischen Herrschers Hand empfangen hatte, in der ersten Reihe des antipäpstlichen, reichstreuen Klerus stehen und den Praktiken der welfischen Partei abgeneigt sein, die schon damals um die Gunst des Papstes buhlte, von ihr alles Heil erwartete. War es aber überhaupt möglich, Konrad noch enger an Philipp zu ketten, so geschah dies durch seine während des Kreuzzuges erfolgte Wahl zum Bischof von Würzburg. [45]) Auch hier hatte ohne Zweifel der Herzog von Schwaben,

<hr/>

44) Ueber die Stellung des Papstes Innocenz III zur deutschen Kirche vergl. Rich. Schwemer, Innocenz III und die deutsche Kirche während des Thronstreits v. 1198—1208, Cap. I.

45) Nach dem Corpus Regulae domus S. Kiliani, hgg. von Wegele [Abh. d. Akademie der Wissenschaften zu München, Histor. Klasse. Bd. 13, Abt. 2, S. 147] starb der Bischof Gottfried von Würzburg nach nur zweimonatlicher Amtsführung am 24. Aug. 1197. Konrad wird keinesfalls vor der Abfahrt nach dem heiligen Lande die Nachricht von seiner Wahl empfangen haben, sondern die letztere

vor wenigen Jahren noch selbst ein electus Wirciburgensis,
[46]) seine Hand im Spiele gehabt, und jetzt wurde das
reiche, mächtige Bistum gleichsam das Willkommsgeschenk,
welches den Kanzler auf heimatlichem Boden erwartete.
Mit hoher Freude muss der sein Leben lang mit finanziellen
Verlegenheiten kämpfende Konrad, dessen Ehrgeiz das
kleine Hildesheim niemals genügte, die Kunde von dieser
Wahl empfangen haben.

Die ersten Handlungen in der Heimat bereits charak-
terisieren ihn als entschlossenen Anhänger Philipps. Am
21. Mai urkundete er, wie oben bemerkt, in Nordhausen.
Da er die Rückreise von Palästina erst im März angetreten hat, so kann er unmöglich damals schon beim Könige
in Schwaben geweilt haben, sondern wird sich zuerst nach
Norden, zu den Stammsitzen seines Geschlechtes oder zum
Bistum Hildesheim, dessen Hirtenamt bis zu seinem definitiven
Uebergange nach Würzburg doch noch in seinen Händen
lag, gewandt haben. Dass er freilich bis Hildesheim selbst
gelangte, ist nicht wahrscheinlich, da jene auf die Verhältnisse des Bistums bezügliche Urkunde sonst wohl daselbst ausgestellt wäre; vielleicht hat er sich nur über
die Stimmung des Klerus und der grossen Lehnsträger zu
dem Thronstreite unterrichten wollen, oder er war in Be-
sorgnis, dass schon in Bälde ein Angriff Ottos, von den
nahe gelegenen welfischen Allodien aus, zu erwarten stände.
Da aber diese Gefahr sich nicht als dringend erwies, wandte
er sich alsbald südwärts und eilte zu König Philipp. Be-
zeichnend aber für die Stimmung des Klerus von Hildesheim
ist es, dass jene einzige Urkunde Konrads aus diesen Tagen
eine Verleihung an das Dom-Kapitel betrifft, dem er die
Vogtei-Gerichtsbarkeit über Lede übertrug. Da mehrere
Domherren bereits eine Klage über Konrad beim Papste

ist, wie auch die ann. Reinhardsbrun. hgg. von Wegele, S. 88, bestätigen und wie es der herrschenden Sitte entsprach, erst später
vollzogen worden: in eodem procinctu ad electionem Herbipolensis
episcopatus insigniter declaratus. Das Bistum war durch seinen
Reichtum und durch seine Lage von grosser Bedeutung und deshalb
hat nach dem Tode des Kaisers jedenfalls Philipp von Schwaben
dafür gesorgt, dass es einem so hervorragenden Manne der stanfischen
Partei, wie Konrad war, übertragen wurde. Viel innere Wahr-
scheinlichkeit hat die Angabe des Lorenz Fries, dass Konrad sich
bereits bei dem Tode Heinrichs III. um Würzburg beworben habe.

46) Philipp war im Jahre 1191 zum Bischof von Würzburg erwählt worden und hatte noch der Kaiserkrönung seines Bruders
als erwählter Bischof beigewohnt. Auch als Dompropst von Aachen
war er Konrads Vorgänger gewesen. Abel, S. 38.

eingereicht hatten, weil sich Laien, gestützt auf die Autorität
des Bischofs den Hohenhamelnschen Zehnten angemasst
hätten, und von Innocenz deswegen eine Untersuchung
angeordnet war, [47]) so ist jene Verleihung wohl als ein Akt
der Versöhnung anzusehen. Konrad mochte ahnen, dass
die nächste Zeit nicht nur Kämpfe bringen werde, welche
sich um die staufisch-welfische Frage bewegten, sondern
dass auch ihm selbst und seiner Stellung schwere Gefahren
drohten, und es lag ihm daran, in solcher Zeit ausser den
Grafen und Herren, die während des Confliktes stets treu
zu ihm gehalten haben, auch die Geistlichkeit auf seiner
Seite zu haben. Dass freilich unter der letzteren wenig
Sympathie für ihn herrschte, lässt sich begreifen; denn er
hatte sich bis dahin um die eigentliche Verwaltung nicht
im geringsten gekümmert und brauchte ausserdem fort-
während grosse Geldsummen, welche er sich durch Verpfändungen zu verschaffen kein Bedenken trug.

Man kann nicht bestimmen, wo und wann Konrad
zuerst mit dem Könige zusammengetroffen ist, doch ist er
im Juni mit dem Bistum Würzburg investiert worden.
Konrad hat die Investitur von dem König unbedenklich
entgegen genommen. [48]) Er wusste, dass die Curie seit
langer Zeit verlangte, dass bei Translationen ihre Erlaubnis
nachgesucht werde, er kannte den festen Charakter des Innocenz, der als letzter von dieser Forderung abgehen würde, —
aber trotzdem verschmähte er es, sich mit einem bittenden
Worte dem päpstlichen Stuhle zu nähern, und nannte sich in
einem an den Papst gerichteten Briefe ohne weiteres „Bischof
von Würzburg". [49]) Ein gewisses Recht zu solcher Handlungsweise glaubte er ohne Zweifel aus einer Zusicherung
ableiten zu dürfen, die er sich, in Voraussicht einer baldigen
Erhöhung durch kaiserliche Gunst bereits 1197 kurz vor
seiner Bischofsweihe von Cölestin III. erwirkt hatte, und

---

47) Lüntzel, S. 505: V. Kal. Mart. Innocenz trägt die Untersuchung
der von mehreren Hildesheimischen Domherren angebrachten Klage,
dass Lippold und andere Laien, „potentia episcopi freti" sich des
Hohenhamelnschen Zehnten angemasst, einigen Geistlichen auf.

48) Auch das chronic. Saupetr. Erfurt., ed. Stübel, zum Jahre
1198, spricht von dem Bischof Konrad von Hildesheim, nach seiner
Rückkehr „Erwählter von Würzburg", qui non multo post investituram
a rege Philippo accepit."

49) Dies geht hervor aus dem Briefe des Papstes vom 21. August
d. J., Epist. Innoc. I, 335.

(Ich citiere die Briefe des Innocenz im allgemeinen nach der
Ausgabe von Baluze; die wenigen, hier in Betracht kommenden
welche dort nicht abgedruckt sind, nach Migne, Opp. Jnn.)

welche nach einem Briefe des Innocenz folgenden Wortlaut
hatte: quodsi ad majorem forsitan vocaretur dignitatem,
eam sibi liceret assumere, dum tamen nihil ei de statutis
canonicis obviaret. [50] Diese Concession erscheint aber bei
genauer Betrachtung sehr geringwertig, denn nicht nur
war der Begriff der major dignitas äusserst dehnbar, sondern
es wurde auch durch den Schlusssatz die Entscheidung
gradezu in die Hände des Papstes gelegt. Man kann daher
andrerseits kaum annehmen, dass Konrad durch diese Concession allein zu seinem eigenmächtigen Handeln bewogen
ist, sondern es waren noch tiefer liegende Gründe, die ihn
antrieben, des Papstes Autorität zu ignorieren. Konrad,
bisher weit mehr Staatsmann als Geistlicher, fühlte sich
damals zuerst als Bischof der Deutschen Reichskirche, die
stolz war auf ihre Macht und Selbständigkeit und, wenn
sie auch die oberpriesterliche Gewalt des Nachfolgers Petri
gern anerkannte, dennoch sein Eingreifen in ihre inneren
Verhältnisse aufmerksam abzuwehren suchte; er wusste
ferner, dass der Papst sein placet nur unter Bedingungen
erteilen würde, die den Bischof der Freiheit seiner politischen
Entschlüsse beraubt hätten. Davon aber wollte der stolze
Mann, der so lange als der Berater und Stellvertreter eines
Heinrich VI. fungiert hatte, nichts wissen und trotzigen
Mutes warf er dem Papste den Fehdehandschuh zu.

König Philipp weilte von März bis Juni „unerklärlich
müssig" in [51] Schwaben. Rasches Wägen und kraftvolles
Wagen entsprach nicht seinem Charakter, er neigte zum
Zögern und Unterhandeln, — schon die Geschichte seiner
Wahl beweist es, — und suchte gern auf diplomatischem
Wege seine Sache zu fördern. Solche Pläne beschäftigten
ihn auch in jenen Monaten und das Resultat war der am
29. Juni zu Worms abgeschlossene Vertrag, in welchem
der deutsche König ein Schutz- und Trutzbündnis mit
Philipp II. August von Frankreich einging. [52] Dies ist die
erste Staatsaktion, an welcher Konrad nach seiner Rückkehr
teilgenommen hat; mit den Bischöfen von Constanz und
Metz, sowie einer Anzahl Grafen und Reichsmannen beschwor
auch der Bischof von Würzburg den von Philipp durch
Handschlag gelobten Vertrag. Ob und in wieweit Konrad
auf die Abmachungen des Bündnisses selbst Einfluss geübt
hat, lässt sich nicht ermitteln, wie derartige Feststellungen

---

50) Epist. Innoc. II, 204.

51) Winkelmann. S. 82.

52) Böhmer-Ficker, reg. imp. B. 1, S. 8.

leider bei der Beschaffenheit des mittelalterlichen Quellen-
materials selten möglich sind, aber keinen Augenblick darf
man bezweifeln, dass dieser in der Gegenwart hart verur-
teilte Vertrag principiell durchaus seinen Anschauungen
entsprach und sein Nationalgefühl doch lange noch nicht
entwickelt genug war, um sich über derartige Vereinbarungen,
welche dem Könige von Frankreich gestatteten, gewisse
ihm feindliche Reichsfürsten, die zugleich auch Feinde des
Königs Philipp waren, zu bestrafen und sich sogar an ihren
Reichslehen schadlos zu halten, viele Scrupel zu machen.
Es ist, wenn man die Ideen der Zeit in Betracht zieht,
falsch, den Vertrag als „schmachvoll" zu bezeichnen,
wohl aber kann man ihn einen politischen Fehler nennen,
denn ihm lag auf Philipps Seite eine bedeutende Ueber-
schätzung des Feindes zu Grunde, und die Gegenleistungen
Frankreichs, dessen Verpflichtungen freilich nicht bekannt
sind, waren faktisch sehr unbedeutend.

In der nächsten Zeit stieg Ottos Stern: am 11. Juli
verlobte er sich mit Mechthild von Brabant und am nächsten
Tage folgte seine Krönung in dem von Philipp nicht
genügend geschützten Aachen durch den Erzbischof Adolf
von Köln. Diese Ereignisse rüttelten den staufischen
Herrscher aus seiner Unthätigkeit. Verwüstend drang er
in das Gebiet des Bischofs von Strassburg und der Grafen
von Dagsburg, beide die Vorposten welfischer Macht im
Süden und hielt dann am 8. September jenen glänzenden
Hoftag zu Mainz, auf dem seine Wahl erneuert und seine
Krönung durch den Erzbischof Anno von Tarentaise vollzogen wurde. Während dieser Ereignisse ist Konrad, der
sich jetzt der Ordnung seines neuen Bistums widmen musste,
in der Umgebung des Königs nicht nachweisbar.

Im September 1198 traf die Antwort des Papstes auf
die Meldung von Konrads Translation in Deutschland ein.
Der Kanzler hat sicherlich nicht auf eine bereitwillige Zustimmung des Papstes gerechnet, sich auf langwierige und
peinliche Verhandlungen gefasst gemacht, — aber eine
solche rücksichtslose Härte, wie Innocenz nunmehr ent-
wickelte, konnte er nicht erwarten. Der Papst schrieb
nämlich am 21. August aus Spoleto an den Bischof Thiemo
von Bamberg und den Scholasticus Petrus von Mainz: [53)]
je inniger er, der Papst, seinen Bruder, den ehemaligen
Bischof von Hildesheim bis dahin geliebt habe, um so
weniger hätte er erwartet, dass grade dieser sich gegen

53) Epist. Innoc. I, 335.

seine Mutter, die heilige römische Kirche vergehen würde. Er dürfe aber, nachdem Konrad selbst in einem, an ihn gerichteten Briefe sich Bischof von Würzburg genannt habe, nicht mehr daran zweifeln, dass der Bischof von Hildesheim seine Kirche, mit der er doch in einer geistlichen Ehegemeinschaft verbunden sei, verlassen habe und ohne Autorisation des Papstes, der als Nachfolger Petri auch allein das „jus pontifices transferendi" habe, zur Würzburger übergegangen sei. Da eine solche Verwegenheit unmöglich geduldet werden könne, habe er dem Konrad nicht nur die Verwaltung der Würzburger Kirche, sondern auch die Rückkehr zur Hildesheimer verboten, während dem Würzburger Kapitel das Wahlrecht entzogen sei. Würde sich Konrad diesen Anordnungen innerhalb zwanzig Tage nach Empfang des Briefes nicht fügen, so sollten die beiden Geistlichen ihn exkommunizieren und die erfolgte Exkommunikation an Sonn- und Festtagen unter dem Klange der Glocken und bei angezündeten Kerzen bekannt machen". Briefe gleichen Inhalts sandte der Papst dem Konrad selbst, „Hildeshemensi quondam episcopo," an das Kapitel von Hildesheim, die Kleriker und Laien von Würzburg, und die Erzbischöfe von Köln, Magdeburg, Salzburg und ihre Suffraganen.

Es war eine geradezu unerhörte Strenge, welche Innocenz in dieser Kundgebung bewies. Konrad hat gegen die kanonischen Gesetze durch eigenmächtiges Handeln verstossen, folglich geht er des Hirtenamtes in seinen beiden Bistümern verlustig, — das ist der kurze Inhalt jenes Briefes. Die Möglichkeit, ihm das eine oder das andere Bistum später wieder zu übertragen, wird gar nicht angedeutet; war sie vorhanden, so hing sie ausschliesslich von der Gnade des Papstes ab. Aber der letztere hatte sich verrechnet, glaubte er Konrad durch Schroffheit schnell zur Unterwerfung bringen zu können. Der Kanzler hat zunächst dem Papste in einem hochmütigen Briefe geantwortet, in welchem er denselben ziemlich deutlich der Parteilichkeit beschuldigte und vor allem eine Untersuchung darüber, ob sein Verfahren wirklich ungesetzlich gewesen, verlangt [54] Ferner vollzog er trotz der, wenigstens von Ludolf von Magdeburg über ihn ausgesprochenen Exkommunikation [55] nicht nur die geistlichen Amtshandlungen

---

54) Auf diesen Brief bezieht sich Innocenz in seinem Schreiben vom Febr. 1199; epist. I. 574.

55) Dies geht hervor aus einem Briefe des Papstes an Ludolf v. Magdeburg, Nov. 1199; epist. II, 204.

ruhig weiter, sondern nahm auch, statt seinen Bistümern
zu entsagen, grade jetzt von allen beiden Besitz, während
bis dahin durch nichts zu beweisen ist, dass er dieselben
dauernd in seiner Hand zu vereinigen gedachte. [56]) Da
jedoch nunmehr seine Position in Würzburg gefährdet war,
so beschloss er, lieber zu behalten, was ihm bisher sicher
gewesen und begab sich im Oktober nach Hildesheim, wo
er in der vollen Versammlung des Kapitels am 22. Oktober
die oben erwähnte Schenkung von Lede und als Bischof
von Hildesheim und Kanzler des kaiserlichen Hofes auch
dem Kloster Amelungsborn eine Erwerbung bestätigt. [57])
Vielleicht hielt er nicht nur aus persönlichem Interesse,
sondern auch aus Gründen der Reichspolitik einen Aufenthalt in Hildesheim für geraten, denn es war schon damals
vorauszusehen, dass der Kampf zwischen den beiden
Königen, der augenblicklich noch am Rheine tobte, in
nicht allzu ferner Zeit auch in Sachsen entbrennen werde,
wo die welfischen Erblande den eigentlichen Kernpunkt
von Ottos Macht bildeten, und der neue Anhänger der
Welfen, Hermann von Thüringen, soeben mit der Belagerung
Nordhausens seine Operationen einleitete. [58]) Konrad konnte
sich damals persönlich überzeugen, dass die Lehnsträger
und Dienstmannen des Stitts dem König Philipp sowohl
wie ihm selber treu ergeben waren. Anders freilich war
der Klerus gesinnt. Kaum hatte Konrad Ende Oktober
das Bistum verlassen und war nach Würzburg zurückgekehrt, so scheint sich in gewissen Kreisen das Verlangen

---

56) Lüntzel, Winkelmann, Wegele sind allerdings der Meinung,
dass Konrad eine solche Absicht gehegt habe. Wenn der letztere aber
S. 52 behauptet, dass Konrad „dies auch unzweideutig zu erkennen
gegeben habe", so weiss ich nicht, worauf sich diese Angabe gründet;
bei aller dem Kanzler eigenen Kühnheit wird er doch nicht geglaubt
haben, einen solchen Versuch, der nach Wegele. S, 53. „den Ueber-
lieferungen des päpstlichen Stuhles und der geltenden Praxis schnur-
gerade zuwiderlief," mit Erfolg durchführen zu können. In allen
päpstlichen Briefen ist stets nur von dem Uebergange Konrads auf
den Würzburger Sitz die Rede: und der Bischof selbst hat bis zum
Oktober in Hildesheim keine Regierungsakte mehr ausgeübt, sich
dagegen in den Urkunden vom 29. Juni und 16. August (Böhmer-
Ficker, reg. imp. S. 8) einfach episcop. Wirziburg genannt. Wohl
aber mag Konrad sich bemüht haben, in Hildesheim eine Neuwahl
zu verhindern, bis sein Uebergang nach Würzburg die päpstliche
Anerkennung gefunden habe; und erst als diese gänzlich versagt
wurde, schlug er das im Text charakterisierte Verfahren ein.

57) Lüntzel, S. 490 und 505. Die 2. Urkunde bei Baring,
descriptio Salae, II, 37.

58) Winkelmann, S. 141.

geregt zu haben, auf Grund des päpstlichen Schreibens
vom 12. August 1198 eine Neuwahl vorzunehmen. Als
die Kunde hiervon nach Würzburg gelangte, ermahnte der
Bischof in sehr heftiger Weise das Hildesheimer Kapitel,
von diesem Vorhaben abzustehen; anderntalls werde er die
Einkünfte der Kirche derartig verschleudern, dass sein
Nachfolger weder bischöfliche Einnahmen haben noch
Bischof genannt werden könne. Ausserdem verschmähte
Konrad, wahrscheinlich um Verwirrung in die Reihen
seiner Feinde zu bringen, es nicht, die Briefe des Papstes
an das Domkapitel für eine Fälschung zu erklären, die der
Missgunst seiner Neider ihren Ursprung verdanke. [59]) Aber
weder Drohung noch List half. Unter dem Eindrucke der
Erfolge Hermanns von Thüringen sowie des Herannahens
Ottos wuchs den Feinden des Bischofs im Kapitel der
Mut und dieselben wählten zum Bischof den einstmaligen
Erzieher des Bischofs Konrad, den Dompropst Hartbert
von Darlem, [60]) der natürlich sofort der welfischen Partei
zuneigte und sich der besonderen Unterstützung des Grafen
Bernhard von Mölpe [61]) erfreute. Andre einflussreiche
Laien aber, besonders Graf Adolf von Schaumburg, die
Grafen Heinrich und Hermann von Harzburg, Fr edrich
von Werder, der Dienstmann Lippold von Escherde und
der Vogt Hugo [62]) traten dem neuen Bischof feindlich gegenüber, so dass dieser, zumal Philipp zum Entsatz des von
Otto belagerten Goslar heranrückte, aus dem Lande weichen
und sich im Gefolge Ottos nach Braunschweig zurückziehen
musste. Im Januar folgte der unentschiedene Kampf
zwischen den beiden Königen und der Rückzug Philipps
aus jenen Gegenden nach dem Rhein, worauf Otto in das

59) Diese Kundgebungen Konrads erwähnt der Papst in seinem
Schreiben an das Kapitel von Hildesheim vom 6. Mai 1199; epist. II, 54.
— So thöricht, wie es auf den ersten Blick scheinen möchte, war
übrigens Konrads List, die Briefe des Papstes für gefälscht zu erklären, nicht. Im Jahre 1203 kamen thatsächlich derartige Fälschungen
vor. — s. Abel, S. 174.

60) Hartbert wurde Ende 1198 oder Anfang 1199 in Hildesheim
gewählt; er erscheint in einer Urkunde Ottos zuerst im Jan. 1199,
Orig. Guelf. III 760. Wegele sagt. S. 55, A. 1: „dass Hartbert der
ehemalige Lehrer Konrads war, hat man bisher nicht bemerkt,
gleichwohl ist es so etc." Es ist allerdings auffallend, dass auf diese
interessante Thatsache von Lüntzel, Winkelmann und v. Borch nicht
hingewiesen ist, doch ist sie bereits in einer Anmerkung zu dem
chronic. Hildesh, in der Ausgabe der M. G. H. konstatiert.

61) Lüntzel, S. 510.

62) Diese Namen finden sich in d. epist. Innoc. II, 288.

Bistum Hildesheim eindrang und für einige Zeit seinem
Schützling Hartbert Gehorsam verschaffte. [63])
Den ganzen Winter hindurch ist Konrad am könig-
lichen Hofe nicht nachweisbar, er wird sich stets in Würzburg aufgehalten und hier auch die Antwort des Papstes
auf seine Beschwerde über dessen ungerechtes Urteil ent-
gegengenommen haben. Ende Februar 1199 wurde dieses
Schreiben in der[64]) päpstlichen Kanzlei ausgefertigt, welches
sich bei strengem Festhalten der früher vertretenen
Grundsätze vor dem ersten nicht nur durch einen sanfteren
Ton auszeichnet, sondern auch die Möglichkeit eines
Wiedererstrahlens der päpstlichen Gnadensonne deutlich
durchblicken lässt. Den apostolischen Gruss freilich konnte
der Papst nicht voraussenden, keineswegs, so schreibt er,
aus Uebelwollen, sondern weil Konrad den gegebenen
Verfügungen noch immer nicht gehorche. Innig habe
Innocenz einst, da er noch ein geringeres Amt bekleidete,
den Bischof geliebt, aber trotzdem wolle er lieber scharfe
Massregeln gegen ihn ergreifen, als ein solches Vergehen,
der Nachwelt zum bösen Exempel, ungestraft lassen. Wie
komme denn der Kanzler dazu, trotzig sein Antlitz gegen
ihn gen Himmel zu erheben und sich über Ungerechtigkeit
zu beklagen, weil er weder vorgeladen, noch verhört worden
sei? Bedürfe man denn in Dingen, die klar vor aller Welt
lägen, noch eines richterlichen Verfahrens? Sein eigenes
Gewissen solle er befragen über seine Schuld, deren Kunde
längst durch ganz Deutschland gedrungen sei! Ja, was
bedürfe es eines Verhörs, da er selbst längst sein Verbrechen gestanden, indem er in jenem Briefe an den Papst
sich den Titel Bischof von Würzburg beilegte! Aber trotz
alledem, — „wir haben dich bis jetzt geliebt und lieben
dich noch; erfülle nur das apostolische Mandat, kehre nicht
nach Hildesheim zurück und stehe ab von Würzburg, dann
wirst du endlich erkennen können, welche Gefühle uns in
Wahrheit gegen dich beseelen!"

Konrad bezeigte vorläufig wenig Lust, diese Gefühle
kennen zu lernen, und hat sich vielmehr bemüht, dem
Papste die seinigen in möglichst deutlicher Form kund zu
geben, allerdings nicht auf kirchlichem Gebiete, wo seine
Argumente erschöpft waren, sondern auf politischem, wo
er den ehrgeizigen Innocenz fast noch empfindlicher treffen
konnte. Es ist nämlich im höchsten Grade wahrscheinlich,

63) Winkelmann, S. 142.
64) Epist. Innoc. I. 574.

dass er, der Kanzler, der Verfasser jener berühmten Erklärung ist, welche am 28. Mai dieses Jahres, nachdem
sie im März auf einem Hoftage zu Nürnberg vorbereitet
war, von Speier aus, bedeckt mit den Unterschriften von
50 Reichsfürsten, darunter die Mehrzahl der deutschen
Bischöfe, nach Rom abgeschickt wurde. [65]) In diesem
denkwürdigen Schriftstücke betonen die Fürsten, dass sie
ihrem gewählten Könige Philipp treu bleiben wollen gegen
alle seine Feinde und, so aufrichtig sie auch der Kirche
ergeben seien, es nicht dulden würden, dass der Papst
seine Hände nach den Rechten des Reiches ausstreckte.
Ja sie fügen unter dem Eindruck der Erfolge Philipps, der,
wohl beeinflusst von dem inzwischen aus dem Kreuzzuge
heimgekehrten Heinrich von Kalden, damals die Offensive
ergriff, stolz hinzu, dass nun die Zeit nicht mehr fern sei,
wo sie mit aller Macht, so viel sie könnten, nach Rom
ziehen würden und ihrem Könige daselbst auch die
Kaiserkrone verschaffen! — Das war die Antwort, welche
die Anhänger des Staufers auf die Einmischungsgelüste
des Papstes gaben, und der deutsche Episkopat, der sich
mit dem Kanzler in dessen Sache solidarisch fühlte, auf
die Versuche, ihn seiner Selbständigkeit zu berauben.

Zu einer Konzession jedoch hatte sich Konrad bequemt, denn er unterzeichnete nicht als Bischof von Würzburg, sondern nur als Hofkanzler und Bischof von Hildesheim. Er wollte es doch vielleicht vermeiden, Innocenz,
der durch jene Unterschrift im vorigen Jahre so ungemein
erzürnt war, aufs äusserste zu reizen; oder sollte er schon
von dem Erlasse des Papstes an das Kapitel von Hildesheim, in welchem der Befehl zur Neuwahl gegeben wurde,
Kunde bekommen haben und somit in der diesmaligen
Unterschrift ein neues, trotziges Aufwallen zu erkennen
sein? Es scheint doch näher liegend, ein geringes Zu-
rückweichen seitens Konrads hier anzunehmen, zumal der

---

65) In der viel umstrittenen Frage, in welches Jahr diese
Erklärung zu setzen sei, sind von Winkelmann, S. 514—522, u. v.
Borch, S. 103—110, ausserordentlich schwerwiegende Gründe für das
Jahr 1200 vorgebracht worden. Gleichwohl war für mich, ebenso
wie für Wegele, S. 56, die Unterschrift Konrads als „Bischof von
Hildesheim" ausschlaggebend für 1199: nach seiner Entsagung in Rom
hat er auf jeden bischöflichen Titel verzichtet, und sicher hätte
jene Unterschrift den Zorn des Papstes in hohem Maasse aufs neue
hervorgerufen. Herr v. Borch freilich, der an eine durch den Aufenthalt in Rom hervorgerufene Sinnesänderung Konrads nicht
glauben will, acceptiert jene Unterschrift mit Freuden als einen
Beweis für die Richtigkeit der letzteren Ansicht.

Brief des Papstes an das Kapitel erst vom 6. Mai datiert
ist. [66]) Innocenz hat entweder nicht gewusst, dass in
Hildesheim längst Hartbert erwählt war, oder er hat diese
Wahl, da man nicht seinen ausdrücklichen Befehl abgewartet hatte, gänzlich ignoriert, jedenfalls verfügte er dieselbe jetzt [67]) und erteilte zugleich den Aebten Widukind
von Corvey und Siegfried von Hersfeld, sowie dem Dekan
von Paderborn den Auftrag, die Wahl selbst sowie die
Persönlichkeit des Gewählten einer genauen Prüfung zu
unterziehen. Wahrscheinlich hat nunmehr das Kapitel
zum zweiten Male Hartbert gewählt und dieser von den
genannten Geistlichen im Namen des Papstes die Bestätigung erhalten, so dass Innocenz die Genugthuung
hatte, das Recht der Prüfung wie Bestätigung, welches er
überall, wo sich eine Gelegenheit bot, in Anspruch nahm,
in diesem Falle anerkannt zu sehen.

Den Sommer hindurch blieb Konrad dem Hofe wieder
fern. Immer ausschliesslicher nahm das landesherrliche
Interesse des Kanzlers Kraft und Thätigkeit in Anspruch,
und die Begeisterung für die Sache des Königs, der ohnehin wohl Konrad innerlich niemals so nahe gestanden hat
wie Heinrich VI., musste, wenn sie auch keineswegs er-
losch, doch allmählich matter werden. Konrad gewöhnte
sich daran, seine eignen Angelegenheiten in die erste
Reihe zu stellen, und das war um so gefährlicher für seine
Beziehungen zum König, als sie sich unabhängig von der
Sache des letzteren entwickelten und Philipp den Rückhalt
und die Hilfe, welche dem Kanzler dringend nötig waren,

---

66) Epist. Innoc. II. 54.

67) Es ist sehr schwer, eine Erklärung für die auffallende
Thatsache zu finden, dass der Befehl des Papstes zur Neuwahl gegeben wurde, nachdem die letztere längst vollzogen war. Schweiner,
S. 17, übergeht die Sache ebenso wie v. Borch, S. 28. gänzlich mit
Stillschweigen, Wegele aber schreibt (S. 55) gänzlich unvermittelt
im Text: „gleichwohl wurde hier (in Hildesheim) auf eine im Mai
des nächsten Jahres (!) ergangene Anordnung des Papstes hin
eine Neuwahl vorgenommen, und fiel auf Hartbert", — und dazu in
der Anmerkung s. „Hartbert wurde im Jahre 1198 (!) vom Hildesheimer Kapital gewählt." — Es war freilich sonst nicht notwendig,
einen päpstlichen Befehl abzuwarten, aber in diesem Falle durfte
das Kapitel gerade in Ansehung des päpstlichen Briefes vom 21. August,
der zwar dem Bischof die Rückkehr einstweilen verboten, ihm Hildesheim aber nicht gänzlich abgesprochen hatte, den Sitz noch nicht
als vakant ansehen. Hätte sich Konrad nach jenem ersten Schritte
des Papstes gedemütigt, so wäre vielleicht die Folge gewesen, dass
ihm Innocenz nach dem befohlenen Verzicht auf Würzburg, die
Rückkehr nach Hildesheim gestattet hätte.

nicht gewähren konnte. In Würzburg herrschten andauernd
die traurigsten Zustände: [68]) Unbotmässigkeit der Ritterschaft und wilde Fehden brachten das Land dem Ruin
nahe und verleideten dasselbe dem Bischofe mehr als die
päpstlichen Erlasse. Diese Verhältnisse werden weiter
unten eine ausführliche Darstellung finden, hier genüge
die Bemerkung, dass sie zum grossen Teil ihren Grund
hatten in den finanziellen Ansprüchen Konrads wie in
den Reibungen zwischen der bischöflichen Gewalt und
den Reichs-Ministerialen, die seit langer Zeit dort an
ein sehr eigenmächtiges Auftreten gewöhnt waren. Trotz
dieser Umstände aber war Konrad im Dienste des
Königs keineswegs müssig. Während nämlich Philipp
im Juni abermals gegen den Bischof von Strassburg und
die Grafen von Daggsburg aufbrach und sie diesmal zum
Anschluss nötigte, verhandelte Konrad mit dem, bald offen
den Welfen unterstützenden, bald sich neutral stellenden
Bischof Hermann von Münster und gewann denselben
endlich dadurch für Philipp, dass er ihn zu seinem Nach-

68) Nach meiner Ansicht hat man im allgemeinen die Einwirkung der Würzburgischen Verhältnisse auf die Entschliessungen
des Papstes zu wenig beachtet: erst bei der Darstellung der Ursachen von Konrads Ermordung sind v. Borch und Winkelmann auf
dieselben eingegangen. Ich kann mich nicht entschliessen, mit
Wegele, S. 64 und 65, anzunehmen, dass erst nach dem Rücktritt
Konrads von der staufischen Partei sich die Opposition im Bistum
gegen ihn erhoben habe, glaube vielmehr, dass dieselbe von Anfang
an dem Bischof viel zu schaffen machte. In demselben Sinne schreibt
auch Lüntzel, S. 500: „nicht das Verlangen, den bischöflichen Stuhl
erledigt zu sehen, scheint gegen Konrad die Feindseligkeit, welcher
er unterlag, geweckt zu haben, sondern sein kräftiges Einschreiten
gegen Friedensbruch und Gewalt;" Abel, S. 172: „Durch seine
Strenge und den Eifer, womit er die Gerechtsame der Kirche gegen
deren weltliche Vasallen vertrat, nicht minder durch seine Verschwendung und manche Gewaltthätigkeiten, die er sich von jeher
zur Befriedigung seiner Schwächen und eitlen Gelüste erlaubte, hatte
sich Bischof Konrat in dem durch Parteiungen damals zerrissenen
Würzburg viele Feinde gemacht." Ferner ist auch Lorenz Fries, in
seiner Chron. von Würzburg. (Ludewig, Geschichtsschreiber von
Würzburg S. 538—39) der Ansicht, dass „nach der Doppelwahl in
deutschen Landen und sonderlich im Stift Würzburg mehr denn
vorher in manchem Jahre viel Plackerei. Zugreifen, Brennen, Rauben
und Morden auf den Strassen geübt sei. Das wollte aber Bischof
Konrad in seinem Lande nicht leiden, sondern wo er dieselben Ge-
sellen betreffen möchte. strafte er sie ernstlich." — Die positiven
Beweisstücke für eine solche Auffassung sind freilich nicht zahlreich
aber um so durchschlagender: sowohl die Wahl eines Nachfolgers,
als die Vereinbarung mit dem Domkapitel (s. u.) erscheinen unter
anderen Umständen völlig unverständlich. — Für die spätere Zeit
vgl. auch von Borch. S. 45.

folger im Bistum Würzburg wählen liess. [69]) Dieses bei Konrads Thatkraft und Jugend merkwürdige Zugeständnis ist eben nur verständlich, wenn man die innere Unsicherheit und Verworrenheit der Würzburger Zustände in Betracht zieht, und ebenso erklärt es sich aus diesen, wie Konrad sein Leben für so gefährdet halten konnte, dass er die Domherren eidlich versprechen liess, für den Fall seines Todes an seine Angehörigen 2000 Mark zu zahlen. [70]) Aber nicht allein die Gefahr eines plötzlichen Todes hat ihm bei jenen Vereinbarungen vorgeschwebt, sondern er wird in dieser Zeit, des doppelten Kampfes gegen den Papst und die Ritterschaft müde, sich allmählich auch mit dem Gedanken der Resignation vertraut gemacht haben.

Auf dem Wege der gütlichen Unterhandlung gewann der König in diesem Sommer auch den Landgrafen von Thüringen für seine Partei. [71]) Nachdem er nämlich im Juli Strassburg genommen hatte, machte er sich eben auf den Weg nach Mitteldeutschland, um den Landgrafen allenfalls die Schärfe seiner Waffen fühlen zu lassen, als dieser unter Vermittlung des Böhmenkönigs Ottokar sich zur Unterwerfung bequemte, wofür er freilich von Philipp am 15. August in dem Besitze Nordhausens bestätigt und mit Mühlhausen, Orla, Saalfeld und Schloss Ranis belehnt wurde. Bald darauf leistete er persönlich dem Könige den Treueid, vielleicht in Würzburg, wo Philipp im August oder September mit grossem Gefolge geweilt hat. [72])

Da der Zug nach Mitteldeutschland zwecklos geworden war, wandte sich der König von Würzburg aus wieder gegen seinen Hauptgegner am Niederrhein, den Erzbischof von Köln, ging jedoch nach Verwüstung des Erbistums

---

69) Epist. Innoc. II. 216.

70) Epist. Innoc. II. 201. — Vgl. auch den Brief des Innocenz an den Legaten Guido im Jahre 1202, abgedruckt bei Abel, S. 279, wo es ausdrücklich heisst: praeterea canonicos ipse induxit ad jurandum, ut si ipse cederet vel decederet Monasteriensem episcopum sibi eligerent in episcopum etc.

71) Winkelmann, S. 146.

72) Böhmer-Ficker, reg. imp. S. 13: in einer Urkunde des Abtes Heinrich von Fulda, sub praesentia regis, über gewisse Güter erscheint als Zeuge neben dem König: Konrad, Bischof von Würzburg. „Die Masse der Zeugen, in Verbindung mit der Handlung, weist ganz bestimmt auf Ausstellung zu Würzburg, zumal in einer nicht vom dortigen Bischof ausgestellten Urkunde. Ein Aufenthalt des Königs in Würzburg würde am wahrscheinlichsten mit der Unterwerfung des Landgrafen in Verbindung zu bringen sein." — Winkelmann, S. 147, setzt die Urkunde in den Sept.

sehr bald auf Mainz zurück. Jetzt endlich hat der Kanzler
sich ihm angeschlossen und ist wohl ohne Unterbrechung
bis zum März 1200 am Hofe geblieben, des Kampfes gegen
die Opposition in Würzburg müde, und vielleicht doch
noch von der Hoffnung beseelt, dass auch sein Ansehen,
sei es in Hildesheim oder in Würzburg, durch Philipps
endlichen Sieg würde wieder hergestellt werden. Während
dieser Ereignisse setzte der Papst seine Aktion gegen den
eigenmächtigen Kirchenfürsten unbeugsamen Sinnes fort.
Im Sommer hatte Konrad Abgesandte nach Rom geschickt,
welche seine Handlungsweise unter Hinweis auf die Vollmacht Cölestins rechtfertigen sollten, aber ihre Argumente
machten so wenig Eindruck auf Innocenz, dass er am ersten
August feierlich den grossen Kirchenbann über Konrad
aussprach. [73]) Es ist beachtenswert, dass der letztere bald
nach dem Bekanntwerden dieses Ereignisses seinen Titel
änderte: nachdem er seit dem Juni 1198 bis dahin in allen
Urkunden, mit alleiniger Ausnahme der Erklärung von
Speyer, als Bischof von Würzburg bezeichnet wird, nennt
er sich am 29. September zum ersten Male „Hildesheimensis
[74]) episcopus, Erbipolensis electus." Konrad war bereit
unter Umständen den völligen Rückzug anzutreten und
erkannte an, dass er bisher höchstens berechtigt war, sich
in Würzburg als Erwählten zu bezeichnen; desto mehr
aber betonte er andrerseits seine Stellung als Bischof von
Hildesheim, die ihm so lange durchaus nur in zweiter
Reihe gestanden hatte. Dem Papste gegenüber war allerdings dadurch nichts gewonnen, denn dieser, der ausserdem
in Hildesheim längst die Neuwahl verfügt hatte, forderte
bedingslose Unterwerfung. Nur als ein Symptom für Konrads schwankende Stimmung ist jene Titeländerung zu betrachten, keinesfalls als ein politischer Schachzug, von dem
er sich selbst Erfolg versprochen hätte. — In der That
ging der Papst einige Monate später wieder einen Schritt
weiter: nachdem er in der Erwartung, Konrad werde sich
beugen, noch längere Zeit gezögert hatte, sandte er im

---

73) Epist. Innoc, II, 204 enthält die Bannverkündung des
Papstes; der Brief ist ohne Datum, aber nach der Einordnung in
die Registerbücher (Winkelmann, S. 168,1) in den Oktober zu setzen,
so dass unter dem festum principis apostolorum proxime praeteritum
nur Petri Kettenfeier, 1. Aug., verstanden werden kann.

74) Bestätigung der Rechte und Privilegien des Erzbischofs
Adalbert von Salzburg: ego, Chuonradus Hildesheimensis episcopus.
Erbipol. electus, imperialis aulae cancellarius etc. Böhmer-Ficker,
reg. imp. S. 14.

November endlich dem Erzbischof Ludolf von Magdeburg
und seinen Suffraganen, sowie vielen andern Bischöfen den
Befehl, die Exkommunikation, die er selbst über Konrad
ausgesprochen habe, in allen Kirchen feierlich zu ver-
kündigen. [75]) Das Gleiche befahl Innocenz auch dem Erzbischof Konrad von Mainz, der, im Sommer 1199 endlich
aus dem Orient zurückgekehrt, längere Zeit in Rom verweilte und am Ende des Jahres nach Deutschland ging,
um eine Vermittlung in dem deutschen Thronstreite zu
versuchen. An ihn sind zwei Schreiben in Konrads Angelegenheit gerichtet, die sich beide auf das Bistum Würzburg
beziehen; in dem ersten, vom 28. Oktober, missbilligt Innocenz das eigenmächtige Verfügen Konrads über Lehen der
Würzburger Kirche und erteilt dem Erzbischof die Ermäch-
tigung, diese an geeignete Personen zu verleihen, während
er in dem zweiten Erlasse, vom 24. November, sowohl die
Wahl Hermanns von Münster zum Nachfolger Konrads,
als auch des letzteren Vereinbarung mit dem Domkapitel
über eine nach seinem Tode seiner Familie zu zahlende
Summe von 2000 Mark für null und nichtig erklärt. [76])
Gelang es dem Erzbischof, diese Verfügungen in Würzburg zur Anerkennung zu bringen, so musste Konrads
Position daselbst in kurzer Zeit auch ihren letzten Halt
verlieren.

Während so Innocenz zielbewusst Schlag auf Schlag
gegen den abtrünnigen Sohn der Kirche führte, war Konrad mit Eifer im Dienste dessen thätig, von dem allein
er noch Schutz und Hilfe erhoffte. König Philipps Sache
hatte im Jahre 1199 einen immer steigenden Aufschwung
genommen, und der glänzende Hoftag zu Magdeburg am
Weihnachtsfeste krönte aufs würdigste die grossen Erfolge
des Staufers. Der Kanzler weilte bei seinem Könige, als
auch der Norden Deutschlands sich vor diesem beugte,
und Thüringer und Sachsen gleich den Schwaben und
Franken ihm ihre Huldigungen zu Füssen legten. Ausdrücklich weist der Chronist von Halberstadt auf die hervorragende Beteiligung Konrads an dem Gelingen der
Feste hin, [77]) und man kann sich denken, wie das Herz

---

75) Epist. Innoc. II, 204.

76) Epist. Innoc. II, 201 und 216.

77) Der Hoftag zu Magdeburg wird geschildert in der Braunschweig. Reimchronik, S. 175; von Walter v. d. Vogelweide, Lach-
mann, 19,5. — Von Konrad sagen die gesta episcop. Halberst.,
S S. 23, 114: sagaciter cuncta disposuit et prudenter et ut ordinate
fierent, omnia fideliter procuravit.

des von kaiserlichem Glanze so oft Berauschten vor Freude
schwoll, als es ihm noch einmal vergönnt war, nach
langer, trüber Zeit den Stern des staufischen Hauses festlich leuchten zu sehen und dem jungen Könige zur Seite
zu stehen, der neben der blühenden Königin Irene, „der
Rose ohne Dornen", im stolzen Bewusstsein des Siegers,
in Demut und Ehrfurcht begrüsst von den Grossen, be-
sungen und gepriesen von Dichtern und Spielleuten, um-
braust vom Jubel des Volkes, im schimmernden Prunke
einherzog. Den König umgaben an jenem Tage nicht
nur die alten Anhänger der staufischen Partei im Norden,
sondern auch solche, die sich bisher vorsichtig zurückge-
halten hatten, wie Gardolf von Halberstadt, den der
Kanzler persönlich zu diesem Schritte bewog, Gerhard von
Osnabrück und Hartwich von Bremen wagten es, jetzt offen
für ihn Farbe zu bekennen. Die Dienstmannen und Bürger
von Hildesheim benutzten die Gelegenheit, um gegen ihren
welfischen Bischof Hartbert zu protestieren und den König
wie Bischof Konrad ihrer fortdauernden Treue zu versichern, nicht minder legten auch die in unmittelbarster
Nähe der welfischen Besitzungen ansässigen Grafen von
Holstein, Harzburg, Wernigerode, Dassel, Bernhard von
Horstmar und viele Grafen und Edle jener Gegenden
Zeugnis von ihrer staufischen Gesinnung ab. Zu gleichem
Zwecke hatte sich selbst der stets schwankende Hermann
von Thüringen dort eingefunden. [7b]

Dennoch verlief der Hoftag zu Magdeburg nicht ganz
ohne Missklang: die Kunde, dass der Pfalzgraf verwüstend in das Erzbistum eingefallen sei und Kalbe ver-
brannt habe, mahnte an die drohende Nachbarschaft der
letzten Stützpunkte welfischer Macht. Man beschloss daher
zum nächsten Johannistage einen Zug gegen Braunschweig
zu unternehmen, zerstörte sogleich Helmstädt und War-
berg und brach dann nach Hildesheim auf, wo Konrad
jetzt noch einmal, — zum letzten Male, — als Bischof
seinen Einzug halten konnte. [79] Gewiss haben die
Ministerialen, die, wenn auch im eigenen Intresse, so

Hier wird auch erzählt, dass die Hildesheimer in Magdeburg
ihrem Bischof aufs neue gehuldigt hätten.
78) Winkelmann, S. 149.
79) 1200, Jan. 19 Hildesheim: Philipp bestätigt dem Erzbischof
Hartwich von Bremen Güter etc.: Ego Conradus Hildesheimensis
episcop. Wirceburg. electus, imperialis aulae cancellarius recognovi.
(Lünig, Reichsarchiv, 16, 104) Böhmer-Ficker, reg. imp. S. 15.

tapfer für ihn gekämpft hatten, und der zu ihm haltende
Teil der Bürgerschaft es mit Jubel begrüsst, als er an des
Königs Seite von dem ihm längst aberkannten Bistum
wiederum Besitz nahm, aber die grosse Mehrheit des Klerus
und der übrigen Bewohner kann nur mit Kummer den
neuen Wechsel der Dinge betrachtet haben. Denn was
hatte Konrad in den fünf Jahren, welche er nun seine
Würde bekleidete, für das Land gethan? — Er hat die
vogteiliche Gerichtsbarkeit über die Stadt, die verpfändet
war, wieder eingelöst, dem Domkapitel die Gerichtsbarkeit
über Lede verliehen und der Domkirche eine Anzahl geistlicher Gewänder, Altartücher, Reliquien, Balsam und andre
vom Kreuzzuge heimgebrachte Sachen geschenkt. Weiter
ist wenigstens nichts überliefert. Diesen positiven Ergeb-
nissen seiner Verwaltung standen aber als negative gegenüber: Konrad verpfändete sechs Meiereien um 500 Mark,
das Gut im alten Dorf bei Hildesheim und die Mühle in
der Stadt um 80 und die Meierei in Vörste um 60 Mark,
so dass sein Nachfolger seufzte unter so schwerer Schulden-
last. [80]) Das Schlimmste aber war, dass Konrads Partei im
Lande, — die Grafen nicht minder als die Ministerialen,
— grösstenteils aus Eigennutz handelte und, indem sie
Hartbert und seine Anhänger gewaltsam von dem Besitz
der Stadt und dem Genuss der kirchlichen Güter fernhielt,
ihrerseits die Einkünfte der Kirche, des Bischofs und der
Domherren sich aneigneten. Ausserdem schonte Konrad,
sei es zu eigenem Gebrauch, sei es zur Belohnung seiner
Anhänger, den Besitzstand der Kirche in jenen Jahren
noch weit weniger als vorher, und die Veräusserungen
nahmen einen derartigen Umfang an, dass endlich der
Papst, dessen Verfügungen sich bisher hauptsächlich auf
Würzburg erstreckt hatten, auch hier mit scharfen Massregeln hervortrat. In einem Schreiben vom 2. Februar
1200 [81]) beauftragte er den Bischof und den Domdechanten
von Paderborn sowie den Abt von Helmershausen, die
schon genannten Anhänger des früheren Bischofs Konrad
zu ermahnen, dass sie Hartbert anerkennen, ihn und
den Klerus zum Genuss der kirchlichen Güter wieder zu-
lassen und alles, was sie sich widerrechtlich angeeignet
hätten, zurückerstatten sollten; im Falle des Widerstandes
seien Exkommunikation und Interdikt in Anwendung zu
bringen, um die Trotzigen zu beugen. Ferner erklärte der

---

80) Vgl. über diese Verhältnisse Lüntzel, S. 493, 511, 512.
81) Epist. Innoc. II, 288.

Papst alle Veräusserungen, die Konrad seit seiner Wahl in
Würzburg vorgenommen hatte, für nichtig, desgleichen
auch von den früheren diejenigen, die in „unvernünftiger"
Weise geschehen seien. — Durch diese Anordnungen des
Papstes ist jedenfalls der von Konrad dem Kirchenvermögen
zugefügte Schaden beträchtlich gemindert worden.

Der Aufenthalt des kirchlichen Hofes in Hildesheim
währte nur wenige Tage, dann zog man in südöstlicher
Richtung weiter über Goslar nach Thüringen. Dort erscheint
der Kanzler zum letzten Male in einer Urkunde, datiert
Allstädt [82]) (unweit Querfurt) am 31. Januar, als Bischof
vo. Hildesheim und Erwählter von Würzburg, während er
am 18. Februar in Olsnitz [83]) (in der Gegend von Eger)
nur noch als Hofkanzler unter den Zeugen angeführt wird.
Konrad hat mit diesem Verzicht auf jeden bischöflichen
Titel den Rückzug, zu dem er längst geneigt war, thatsächlich angetreten und man geht sicher nicht fehl, wenn
man den Anstoss hierzu dem Erzbischof Konrad von Mainz
zuschreibt, der nach seiner Heimkehr zuerst in Thüringen
mit dem Hofe zusammengetroffen ist, um den Vermittlungs-
versuch in der Thronfrage zu beginnen. [84]) Der Erzbischof
hatte den Markgrafen von Montferrat an Otto geschickt,
während er die Unterhandlungen mit Philipp persönlich
führte. Die Aufnahme aber, die er mit seinem ersten Vor-
schlage, — beide Könige sollten sich zum Rücktritt ver-
stehen, — grade jetzt bei dem siegreichen Staufer fand,
mag kühl genug gewesen sein, da Philipp nicht weniger
wie der machtlose Otto jedes Verhandeln über seine Würde
als einen Abbruch derselben betrachten musste. Der Erzbischof verliess daher auch sehr bald wieder das Hoflager
und begab sich an den Rhein, um zunächst mit Adolf von
Köln eine Besprechung zu halten.

---

82) Böhmer-Ficker, reg. imp. S. 15.
83) Böhmer-Ficker, reg. imp. S. 15.
84) Vgl. darüber Winkelmann, S. 165—182 und die vielfach
gegen Winkelmanns Auffassung polemisierende Darstellung Schwemers,
S. 19—32. Bezüglich der Einwirkung Konrads von Mainz auf die
Entschliessungen des Kanzlers glaubt jedoch Schwemer den Ausführungen Winkelmanns, S. 168 und Erläuterungen VIII beistimmen
zu können. —
    Sowohl Abel (S. 350) wie Winkelmann weisen auf die interessante
Thatsache hin, dass in den Urkunden Philipps, in welchen der
Kardinalerzbischof Zeuge ist, Konrad nicht vorkommt, sondern nur
in denjenigen vom 8. und 15. März, in welchen umgekehrt der Erzbischof fehlt.

Wenigstens die Genugtuung hatte Konrad von Mainz bei seinem Scheiden, dass er den Kanzler der völligen Unterwerfung unter den päpstlichen Willen geneigt gemacht hatte, nachdem er ihm die Unbeugsamkeit des Innocenz einerseits und dessen im Grunde wohlwollende Gesinnung gegen den Jugendfreund andrerseits geschildert haben wird. Aber welche Gefühle der Bitterkeit und des gekränkten Ehrgeizes mögen damals den Kanzler beherrscht haben! Sein Hass gegen den übermächtigen Papst musste noch wachsen in einer Umgebung, die von Stolz erfüllt war über eine Reihe von Erfolgen und Siegen, zu denen doch auch der Kanzler selbst nach Kräften beigetragen hatte, und die auf seine geistliche Stellung so ohne jeden Einfluss geblieben waren!

In der ersten Hälfte des März langte Philipp in Nürnberg an [85]) und es versammelten sich dort zu feierlichem Hoftage eine Anzahl hervorragender Reichsfürsten: die Herzöge von Baiern und Oesterreich, der Graf von Meran, die Bischöfe von Passau, Freising, Constanz. Auch Thiemo von Bamberg erschien daselbst, und von ihm wurde der Kanzler mit dem Inhalte eines päpstlichen Schreibens vom 26. Januar bekannt gemacht, [86]) welches endlich einen schnellen Entschluss in ihm reifen liess. Innocenz zeigt sich in demselben als ein sehr geschickter Diplomat. Er legt zunächst noch einmal seine bekannten Grundsätze über den Einfluss des Papstes auf die Bischofswahl, zumal bei Translationen dar und zeigt dann, wie sehr Konrad sich gegen dieselben vergangen. Den ganzen Verlauf des Konfliktes geht er durch, bezeichnet die Berufung auf jene Vollmacht Cölestins, in deren Erwerbung sich bereits ein sträflicher Ehrgeiz gezeigt habe, als hinfällig, da es sich um eine gleiche, nicht um eine höhere Würde handele, und kommt zu dem Schlusse, dass er, um die Autorität des päpstlichen Stuhles zu wahren, den grossen Bann über den ungehorsamen Sohn der Kirche habe verhängen müssen. So weit der strenge und gerechte Papst. Nun folgt der vertrauliche Auftrag an Thiemo, ihm, Innocenz, mitzuteilen, welchen Eindruck alle diese Massregeln auf Konrad gemacht hätten und die ganze Sache der Wahrheit gemäss zu schildern. Sei der Bischof noch immer nicht zur Unterwerfung geneigt, dann freilich werde sich des Papstes Hand noch schwerer auf ihn legen; zeige er sich aber

---

85) Böhmer-Ficker, reg. imp. S. 16.
86) Epist. Innoc. II. 278.

endlich durch Gehorsam der Barmherzigkeit würdig, so
solle ihm diese keineswegs fehlen. In welcher Richtung
aber sie werde ausgeübt, werden, das lässt deutlich die
Weisung des Papstes am Schlusse durchblicken: Thiemo
soll aufs allerstrengste dem Domkapitel von Würzburg ver-
bieten, eine Neuwahl an Stelle des gebannten Bischofs
vorzunehmen, denn das Kapitel muss in dem gestraft
werden, worin es einst selbst gesündigt hat; nichts darf
es in dieser Beziehung unternehmen ohne einen Spezial-
befehl des Papstes. Jeder in Nichbeachtung dieser Ver-
ordnung vorgenommene Wahlakt ist ungiltig und nichtig.

Konrad wusste jetzt genau, woran er war: bei fort-
gesetztem Widerstand drohte ihm ein Kampf bis zur Ver-
nichtung, bedingungslose Unterwerfung, — aber nur diese
allein, — vermochte ihm vielleicht die päpstliche Gnade
wieder zu erwerben. Das energische Verbot einer Neuwahl
in Würzburg legt die Vermutung nahe, dass man auch
hier, wie einst in Hildesheim schon dem Gedanken Raum
gegeben, den gebannten Bischof durch einen andern zu
ersetzen; es war also die höchste Zeit für Konrad, wollte
er nicht die letzte Hoffnung auf Rückkehr sinken lassen,
einen entscheidenden Schritt zu unternehmen. Denn allein
in Würzburg, wo er, gestützt auf päpstliche Sanktion und
Hilfe, auch die inneren Schwierigkeiten eher überwunden
hätte, war noch die Möglichkeit der Restitution gegeben;
von Hildesheim ist in des Papstes Schreiben keine Rede
mehr, da sich in seinen Augen Hartbert längst im recht-
lichen Besitze desselben befindet. Solche Erwägungen waren
für Konrad ausschlaggebend. Eidlich erklärte er, gewiss
im Einverständnis mit König Philipp, zuerst vor dem Erzbischof von Magdeburg, [87]) dann auch vor dem Erzbischof
von Mainz in Gegenwart von vielen Fürsten. er wolle allen
Befehlen des Papstes gehorchen. [88]) Dann machte er sich
von Nürnberg aus, wo er noch am 15. März urkundete,
sogleich auf die Reise nach Rom.

Schweren Herzens zog Konrad diesmal über die
Alpen. So wenige Jahre waren erst verflossen, seitdem

---

[87]) Wann dies geschehen, ist allerdings unmöglich festzu-
stellen; dass Konrad bereits am Weihnachtstage 1199 zu Magdeburg
sich zu solchem Versprechen bequemt habe, weist Winckelmann
wegen der Vorgänge im Januar in Hildesheim mit Recht zurück.

[88]) Innocenz selbst berichtet dies in seinem Schreiben vom
9. April an das Domkapitel zu Hildesheim, abgedr. bei Schannat,
vind. litt. l., 185. — Die Verwaltung von Würzburg wurde dem Erzbischof von Mainz jedenfalls nur übertragen, damit der Papst die
freie Verfügung über das thatsächlich vacante Bistum behielt.

er als der mächtige Legat Heinrichs VI. um die Ordnung
zu begründen und die Widerspenstigen zu beugen nach
dem Süden ging, während er jetzt Gnade flehend, demütig
bittend um das, was er für sein gutes Recht hielt, dort
erscheinen musste, — wie wandelbar die weltliche Macht
und Grösse! Und wie hochfliegend waren noch vor zwei
Jahren seine Pläne gewesen, als er vom Kreuzzuge heimkehrte, voll Begeisterung für die Grösse des staufischen
Hauses, voll stolzer Hoffnungen auf eigenen Reichtum und
Macht. Aber was hatten seine treuen Dienste dem Staufer
genützt? Noch immer war es nicht gelungen, nur die
deutschen Fürsten insgesamt zur Anerkennung seiner Würde
zu vermögen; verweht und vergessen waren die kühnen
Pläne Heinrichs VI. über Kaisertum und Weltherrschaft,
Italien und Orient. Und Philipp, der milde, zaghafte,
diplomatisierende Fürst würde nie im Stande sein, sie zu
fassen und zu fördern! — Was aber hatte die treue An-
hänglichkeit an den Staufer ihm, dem Kanzler, eingebracht?
Zwei Bistümer hatte er gewonnen — und verloren; der
König hatte wohl die Macht gehabt, Konrads Wohl durch-
zusetzen, aber ihn auch zu schirmen gegen einen unbot-
mässigen Klerus, gegen eigennützige Ministerialen, ihn gar
zu halten gegen den Widerspruch und den Bannstrahl
des Nachfolgers Petri. — das hatte Philipp nicht vermocht!
Die geistliche Gewalt war Siegerin geblieben, nur von
Rom allein konnte Konrad von Querfurt die Wiederherstellung seiner Ehre und Macht erwarten.

In tiefste Erniedrigung und Demütigung führte zunächst die neue Bahn den ehrgeizigen Mann. [89]) Die Reise
nach Rom legte er trotz der rauhen Jahreszeit in kurzer
Zeit zurück. In Rom musste er durch die Ablegung eines
Eides des Gehorsams zuerst die Lossprechung vom Banne
bewirken, ehe es ihm vergönnt war, vor dem Papst selbst
zu erscheinen. Die Begegnung mit Innocenz vollzog sich
sodann in einer für Konrad sehr demütigenden Form.
Dieser warf sich, nachdem er Fussbekleidung und Ober-
gewand abgelegt hatte, einen Riemen um den Hals ge-
schlungen, vor dem Papste auf die Erde, die Hände in
Kreuzesgestalt ausbreitend: laut weinend bekannte er sein
Unrecht und flehte um Verzeihung. Wohl wurde das Herz
des Pontifex bewegt, aber er blieb fest in dem Entschlusse

---

[89]) Die Quellen über die Vorgänge in Rom sind neben dem
in der vorigen Anmerkung erwähnten Briefe des Papstes die gesta
Innoc. cap. 41.

die Zügel der kirchlichen Disziplin straff zu halten; nach
vielfachen Verhandlungen im Konsistorium wurde dem
reuigen Konrad befohlen, auf beide Bistümer, Hildesheim
wie Würzburg bedingungslos zu verzichten, und, wiewohl
sehr verwirrt und überrascht über die allzu harte Forderung,
gehorchte er, „faciens de necessitate virtutem." Er soll
dann noch einen Versuch gemacht haben, durch Ueber-
sendung von Geschenken den Papst milder zu stimmen,
aber obgleich Innocenz dieselben, um ihm nicht allen Mut
zu nehmen, annahm, so zeigte er doch, indem er eine
goldene Schaale von grösserem Werte als die Gefässe
Konrads diesem zuschickte, dass der Papst einer Bestechung
nicht zugänglich sei. Am 9. April machte Innocenz dem
Erwählten und dem Domkapitel von Hildesheim von der
Unterwerfung Konrads Mitteilung; der letztere, heisst es
hier, habe sich auch verpflichtet, weder selbst noch durch
einen andern die Kirche von Hildesheim und ihren Vor-
steher zu belästigen, die Temporalien von Würzburg aber
seien bis auf weiteres dem Erzbischof Konrad von Mainz
überwiesen.

Weitere Angaben über den Aufenthalt Konrads in
Rom sind nicht vorhanden. Da derselbe jedoch erst wieder
im Juli in Deutschland nachzuweisen ist, so darf man annehmen, dass er längere Zeit in Rom verweilt hat, und
dass, wenn auch die Versuche, die Innocenz unzweifelhaft
gemacht hat, um ihn auf Ottos Seite zu ziehen, für den
die Kurie damals anfing offen einzutreten, zunächst nicht
von Erfolg begleitet waren, dennoch die Klugheit und Unbeugsamkeit, mit welcher jener Papst seine Idee von der
Oberherrschaft des Nachfolgers Petri über alle weltlichen
Fürsten vertrat, einen ebenso tiefen Eindruck auf Konrads
Gemüt gemacht hat wie einst die kühnen Pläne Heinrichs VI.
Hätte freilich Konrad sich schon damals für die deutsche
Politik des Papstes erklärt, so wäre kein Grund ersichtlich,
warum ihn Innocenz nicht sogleich nach seiner Rückkehr
zum Bischof von Würzburg wählen liess, da er doch hier-
mit der welfischen Sache im Süden Deutschlands eine
treffliche Stütze verschafft haben würde. Die Warnungen,
welche König Otto IV., wahrscheinlich in der Furcht,
Konrad möchte Innocenz für Philipp zu gewinnen suchen,
in einem Briefe vom 9. April [90]) dem Papste hinsichtlich
des Kanzlers, den er für einen schandbaren Menschen erklärt, der weder Wahrheit noch Treue kenne, zukommen

---

90) Reg. de negot. imperii bei Baluze, S. 694.

liess, waren durch die erfolgte Versöhnung so überholt, dass sie auf Innonenz keine Wirkung mehr ausüben konnten. Man kann schliesslich nur annehmen, dass in Rom die bisherige Denkweise, und die Anschauungen Konrads sich ganz allmählich wandelten, und eine Stimmung sich seiner bemächtigte, welche ihn nach Jahr und Tag auch zum Abfall von der Sache, der er bis dahin sein Leben gewidmet hatte, willig werden liess. Männer härteren Charakters wären vielleicht durch eine demütigende Behandlung, wie Konrad sie anfangs erdulden musste, noch eifriger geworden in den Gefühlen des Hasses und der Liebe, von denen sie bis dahin beherrscht waren; der leicht geblendete, hochstrebende Sinn des Kanzlers, dessen Ehrgeiz schon so lange vergebens Befriedigung gesucht hatte, fühlte vor allem das Imposante in dem Verhalten dieses Papstes, durch dessen Gnade und in dessen Dienst er vielleicht höher emporsteigen konnte als durch königliche Macht und Gunst. Nicht welfisch wurde Konrad damals, auch nicht päpstlich, aber innocentisch; im näheren Verkehre mit dem grossen Freunde seiner Jugend war die Bitterkeit geschwunden, und Achtung und Bewunderung bereiteten dem persönlichen Einflusse des Papstes den Boden.

In Deutschland waren inzwischen alle Vermittlungsvorschläge des Erzbischofs von Mainz endgiltig gescheitert; verzweifelnd am Gelingen seines Vorhabens verliess Konrad von Wittelsbach von neuem das Vaterland und ging nach Oesterreich und Ungarn, um dort für seine Lieblingsidee, einen neuen Kreuzzug, Propaganda zu machen. [91]) Bald darauf schritt Philipp zu dem schon im Januar geplanten Angriff auf die welfischen Allodien in Sachsen und begann am 26. Juni die Belagerung von Braunschweig. [92]) Eiligst war der Pfalzgraf, der grade einem Kampf gegen die trotz Konrads Verzicht noch immer gegen Bischof Hartbert aufsässigen Dienstmannen von Hildesheim führte, zurückgerufen worden, aber seine Kampflust war gering und auch er schien geneigt um der Erhaltung und Ruhe seines eigenen Besitzes willen, die Sache seines Bruders aufzugeben und zu Philipp überzugehen. Doch scheiterten die Verhandlungen, weil der Graf von Holstein und Bernhard von Sachsen eine Aussöhnung des Königs mit dem Pfalzgrafen der dänischen Verhältnisse wegen nicht wünschten,

---

91) Winkelmann S. 189.
92) Winkelmann S. 184.

und die Entscheidung musste den Waffen anheim gegeben
werden.

Konrad von Querfurt, der nach seiner Rückkehr nur
den Titel eines imperialis aulae cancellarius führt, befand
sich im Lager Philipps und sollte bald Gelegenheit finden
zu zeigen, dass er, wie einst im Kreuzzuge, trotz seines
geistlichen Standes Umsicht und Kriegserfahrung genug
besass, um in einem entscheidenden Augenblick in die
Operationen des Heeres eingreifen zu können. Im August
versuchte das königliche Heer die Stadt Braunschweig mit
Sturm zu nehmen. An zwei Stellen wurde der Angriff begonnen: auf einer Seite erschien Philipp mit der Hauptmacht, während an einer anderen, von Verteidigern ent-
blössten Stelle eine kleinere Schaar in die Stadt drang und
ohne Widerstand zu finden, bis zur Okerbrücke gelangte.
[93]) Hier kam es zum Kampfe; statt aber mit allen Kräften
die feindliche Postition anzugreifen, machte sich ein Teil
der Königlichen daran, das dort gelegene Kloster des
heiligen Aegidius zu plündern. Schon gewannen die Welfen
die Oberhand, — da eilte plötzlich der Kanzler mit einer
neuen Schaar herbei und „stillte den Aufruhr", das heisst,
er inhibierte die weitere Plünderung und führte die Seinen
aufs neue gegen die Brücke. Während der Verzögerung
aber war dort bereits Verstärkung angelangt, und nach
einiger Zeit mussten sich die Königlichen hier ebenso
zurückziehen, wie auf der andern Seite Philipp mit der
Hauptmacht. Am 21. August hob der König die Belagerung auf und zog bei sehr ungünstiger Witterung nach
Süden ab, nachdem er noch in Hornberg einen sieben-
wöchentlichen Waffenstillstand mit dem Pfalzgrafen abge-
schlossen hatte.

Während der Belagerung von Braunschweig wurde
gegen den Kanzler eine an seinen Aufenthalt in Rom an-
knüpfende Intrigue gesponnen. Dieselbe ging von dem
Magdeburger Domdekan, Heinrich von Glinden, aus, [94])

---

93) Arnold. Lubic. SS. 21. 215.

94) Ueber diese Angelegenheit berichten die Magdeburger
Schöppenchron. (S. 137, vgl. auch SS. 14. 218) u. Arn. v. Lübeck
(SS. 21. 231) ohne Angabe des Jahres; ausführlich wird die Geschichte
erzählt in dem chron. Mont. Sereni zum Jahre 1200. SS. 23. 169.
Abel, S. 161, setzt die Blendung des Decans in das Jahr 1202; aber
abgesehen davon, dass damals Konrad schon längst nicht mehr als
Kanzler fungierte, auch der König im August nicht in der Nähe von
Magdeburg weilte, spricht gegen dieses Jahr und für 1200 ausser
den chronikalen Angaben ein Befehl des Papstes an den Erzb. von
Magdeburg, den nobilis vir G. von der Excommunication loszusprechen,

und man darf infolge dessen wohl vermuten, dass Konrad
sich nach seiner Rückkehr von Rom zuerst einige Zeit bei
seinen Brüdern in Magdeburg aufgehalten hat und hier
durch unvorsichtige, vielleicht bewundernde Aensserungen
über Innocenz dem mit der Familie sicherlich verfeindeten,
ehrgeizigen Dekan Veranlassung zu seinen Ränken gegeben
hat. Nachdem der Kanzler zum Heere des Königs ge-
gangen war, versuchte der Dekan, in der Hoffnung, ihm
selbst möchte des Kanzleramt zufallen, schriftlich Konrad
bei Philipp zu verdächtigen, was jedoch dem Kanzler nicht
lange verborgen blieb. Dieser soll nun dem Heinrich von
Glinden einen goldenen Ring mit der Bemerkung geschickt
haben, dass der Stein desselben gegen die Krankheit der
Perfidie ausserordentlich wirksam sei. Darauf antwortete
Glinden boshaft, er wundere sich sehr, dass Konrad sich
grade eines solchen Ringes, dessen er so sehr bedürfe,
entäussern wolle. Nach diesem Vorspiele hielt es Heinrich
für das Beste, sich selbst in das Lager Philipps zu be-
geben und diesem seinen Verdacht, „dass der Kanzler um
der Gunst des Papstes willen der Partei Ottos zuneige,“
mitzuteilen. Auf dem Wege nach Braunschweig aber
wurde er am 14. August in der Gegend von Haldensleben
von Gerhard von Querfurt, genannt Ueberbein, überfallen
und angeblich seiner Augen beraubt, so dass er zu dem
erstrebten Amte für immer untauglich wurde. Gerhard
wurde wegen dieses Frevels verurteilt, der Magdeburger
Kirche 1000 Mark Silbers zu zahlen, von seinen Lehen so
viele zurückzugeben, wie einen Ertrag von 100 Mark gewährten, und endlich, nachdem er der Kirche den Eid der
Treue geleistet, in Begleitung von 500 Rittern einen Hund

quam propter excessum in personam decani ecclesiae Magdeburg.
perpetratos dicitur incurrisse. Rubrice lit. secret. pont. a III (= 1200),
167. Theiner, Mon. Sav. merid. I. 52. v. Borch. der grundsätzlich
allen chronicalen Angaben nur Glauben schenkt, soweit sie Günstiges
über seinen Helden berichten, suc t den ganzen Vorfall in Zweifel
zu ziehen, (S. 52), einmal, weil der Decan von Glinden noch 1205 im
Amte gewesen sei, sodann wegen der in dem päpstlichen Schreiben
vorkommenden Ausdrücke „excessus“ (der für ein solches Verbrechen
zu milde sei) und „dicitur incurrisse“. Diese Einwürfe hat jedoch
schon Schwemer, S. 153. gebührend zurückgewiesen. — Das chrono.
M. Sereni erzählt allerdings, den Anlass zu Heinrichs Vorgehen habe
der Umstand gegeben, dass Konrad beim Könige in den Verdacht
päpstlich-welfischer Neigungen gekommen sei. Das mag richtig sein;
aber immerhin muss doch Heinrich, wie aus der Ringgeschichte her-
vorgeht, den König in diesem Verdachte bestärkt und, wenn er Aussicht auf Erfolg haben wollte, auch neue Beweise für denselben
vorgebracht haben.

von dem Ort der That bis an die Magdeburger Domkirche
zu tragen. [95]) Die über ihn verhängte Excommunikation
wurde vom Papst bald wieder aufgehoben. [96]) — Konrads
Stellung bei Hofe scheint durch diese Vorgänge nicht erschüttert zu sein; er wird bis Anfang 1201 in Philipps
Umgebung geweilt und zunächst ruhig abgewartet haben,
dass ihm die Gunst das Papstes aufs neue Ehre und Ansehen, auch im Dienste der Kirche bescheere.

Mit ·der moralischen Niederlage, die Philipp durch
den Misserfolg vor Braunschweig erlitten hatte, begann
für ihn eine Zeit des Niederganges. Zwar hatte der vom
Papste abgeschickte Akolyth Aegidius, der unter der Hand
die Fürsten. für die welfische Sache gewinnen sollte, keine
Erfolge zu verzeichnen, ja im September trat sogar der
Bischof Dietrich von Utrecht zu Philipp über, aber trotzdem war der letztere mutlos geworden und verfiel immer
mehr in seine alte Zauderpolitik, die ihn dann fast das
ganze Jahr 1201 militärisch völlig unthätig erhielt. Von
grosser Bedeutung war es, dass im Oktober Konrad von
Mainz starb und dass es in diesem wichtigen Erzbistum
zu einer Doppelwahl kam, die wiederum ein Einschreiten
des Papstes hervorrufen musste und nicht unwesentlich
dazu beitrug, dass Innocenz nunmehr auch in der Thronfrage aus seiner scheinbaren Reserve gänzlich hervortrat.

Nachdem der Papst bereits am 5. Januar den deutschen
Fürsten mitgeteilt hatte, [97]) er werde eine Gesandtschaft
senden, welche sie entweder veranlassen solle, sämtlich
die Person anzuerkennen, welcher er die Krone aufsetzen
könne, oder, falls eine Einigkeit nicht zu erzielen sei, für
ihn selbst die Entscheidung in Anspruch nehmen werde,
ging er am 1. März noch weiter und verkündigte der Welt
durch ein Manifest, dass er Otto als den einzig rechtmässigen
König anerkenne und sein Haupt mit der Kaiserkrone zu
schmücken bereit sei. Diese kühne Politik des Papstes
erforderte natürlich eine Mobilisierung aller der Kirche
zur Verfügung stehenden Kräfte, und im Zusammenhange
damit ist auch endlich die Wiederherstellung Konrads von
Querfurt im Bistum Würzburg erfolgt.

95) Diese Strafen berichtet Arn. Lubic. S. 231.

96) Nach dem chronic. M. Sereni hat Gerhard durch eifrige
Bussen seine Unthat wieder gut zu machen gesucht, was ihm so
trefflich gelang, dass ihn Gott sogar begnadigte. seinen Todestag
vorauszuwissen.

97) Vgl. über das Eingreifen des Papstes in die deutschen Angelegenheiten Schwemer S. 32—37.

Das Bistum stand seit dem März 1200 unter der Verwaltung des Erzbischofs an Mainz, [98]) aber man darf annehmen, dass dem so viel beschäftigten Wittelsbacher wenig Zeit geblieben ist, um die verworrenen Verhältnisse des Landes zu ordnen. Die letzteren erklären sich aus verschiedenen Gründen. Die schlechten Finanzen Konrads werden ihn gezwungen haben, während der kurzen Zeit seiner Herrschaft nicht nur Verpfändungen in grösserem Massstabe vorzunehmen, sondern auch den Bewohnern Abgaben aufzulegen, welche diese nur mit dem grössten Widerwillen trugen. [99]) Andrerseits suchten, wie stets in unruhigen Zeiten die Ministerialen des Stiftes von Kirchengut so viel wie möglich an sich zu reissen, [100]) und als Konrad die Rechte der Kirche energisch zu schützen suchte, gingen sie in eine scharfe Oppositions-Stellung über, in der sie noch wesentlich durch die zahlreichen Reichsministerialen [101]) bestärkt wurden, die, im Gebiete des Bistums ansässig, ebenfalls Kirchengüter zu Lehn trugen, sich aber lästigen Verpflichtungen unter Berufung auf ihre Reichsministerialität zu entziehen suchten. Gegen diese, an deren Spitze die Brüder Heinrich und Bodo von Ravensburg standen, hatte Konrad einen besonders heftigen Kampf zu führen, in welchem er mit Rat und That unterstützt wurde durch den, einem angesehenen bischöflichen Ministerialgeschlecht entstammenden Eckard, [102]) dem Sohne des Billung, der wie sein Vater Jahre lang als scultetus in den Würzburger Urkunden erscheint und in seiner Eigenschaft als Vertreter des Burggrafen auch als comes oder vicecomes bezeichnet wird. Dieser Mann, von strengem Rechtssinn und treuer Ergebenheit an Konrad, wird auch während der Vakanz des bischöflichen Stuhles die Verwaltung geführt haben, und es steigerte sich nunmehr der, wahrscheinlich um bestimmte Güter entbrannte Streit mit

---

98) Vgl. oben, S. 70.

99) Ueber die Verpfändung der Lehen und eine Abgabe von 1000 Mark, die das Stift hat entrichten müssen, wird weiter unten die Rede sein.

100) Arnold. Lubic. 231.

101) Dass Konrad lange mit den Reichsministerialen Kämpfe geführt hat, geht aus den Vorgängen bei seiner Ermordung deutlich hervor. Einen Versuch, die Feindschaft der beiden Ravensburger gegen den Bischof zu erklären, macht v. Borch, S. 42.

102) S. über ihn das schon erwähnte Kalendarium S. Kiliani. S. 66 und darin die Anmerkung Wegeles zu „Eckard".

den Ravensburgern zu solcher Heftigkeit, dass die letzteren
nicht davor zurückscheuten, am 14. Dezember 1200 den
Eckard zu ermorden. [103])
Nach dieser Unthat wurde es allen Besonnenen klar,
dass der bischöfliche Stuhl so bald als möglich wieder
besetzt werden müsse. Das Kapitel hatte aber, dem Befehle
des Papstes vom 26. Januar 1200 zufolge, nicht das Recht
eine Neuwahl vorzunehmen; jedoch stand es ihm nach der
durch Innocenz eingeführten Praxis frei, den mit einem
kanonischen Hindernis behafteten Kandidaten vom Papste
zu „postulieren". Hierzu entschloss man sich im Anfang
1201; ob dabei auch irgendwelche Bemühungen Konrads
oder ein Wink von Rom her wirksam gewesen sind, entzieht
sich der Kenntnis. Im Kapitel befand sich aber eine
Konrad feindlich gesinnte Partei und diese hinderte einen
einmütigen Beschluss, so dass nun zwei Gesandtschaften
nach Rom zogen, von denen die eine Konrad postulieren,
die andre bitten sollte, dass der Papst jenen Wünschen
seine Zustimmung versage. Innocenz empfing beide gemeinsam, und die Gegner Konrads motivierten ihre Haltung
zunächst mit den bekannten Anschuldigungen, die der Papst
selbst im Verlaufe des Konfliktes gegen Konrad erhoben
hatte; sogar Verleitung zum Meineide und Simonie warfen
sie ihm vor. [104]) Der Papst jedoch legte diesen Einwendungen
wenig Gewicht bei und schrieb zunächst an das Domkapitel,

103) Das Datum der Ermordung Eckards ist durch das Corp.
regulae seu Kalendarium S. Kiliani sicher gestellt. Wegele, S. 66.
nimmt jedoch an, dass das Verbrechen erst im Jahre 1201 ausgeübt
sei; bis zum Jahre 1200 zurückzugehen, erscheine nicht gestattet,
„da zu dieser Zeit der Bruch Konrads mit Philipp noch nicht erfolgt
oder erklärt war." Ich habe mich schon oben zu der Auffassung
bekannt, dass die reichspolitischen Fragen auf die Entwickelung der
Würzburger Verhältnisse, die schon viel früher in grosser Verwirrung waren, keinen directen Einfluss ausgeübt haben: Wegeles
Bemerkung gegen das Jahr 1200 kann also für mich nicht in Betracht
kommen. Andererseits erklärt sich nicht nur die Anfangs 1201 zu
Stande gekommene zweite Wahl Konrads viel leichter im Zusammenhang mit dem gegen seinen Ratgeber Eckard ausgeübten Verbrechen,
sondern ich möchte, als auf 1200 hinweisend, auch die corrumpierte
Stelle aus den ann. Herbip. min. SS. 24, 828, heran ziehen: A. D.
1250. Occisus est Richardus comes in Wirceburg ab illis de Risenberg Ydus Decembris. In secundo anno occisus est episcopus Conradus a supradictis 2. Nonas ejusdem mensii Wirceburg. Hier sind
also aus dem Eckard ein Richardus, aus den Herren von Ravensburg die de Risenberg gemacht worden; liegt aber nicht die Annahme
weit näher, dass 1250 corrumpiert sei aus „1200" als aus 1201, zumal
auch das „in secundo anno" der nächsten Zeile schliessen lässt, dass
unmittelbar vorher nur das Jahrhundert angegeben sei?

104) Vgl. den Brief des Papstes an Guido, Abel, S. 279.

dass Konrad nach Wiedererwerbung des verpfändeten Lehns
zur Verwaltung des Bistums zuzulassen sei: bald darauf
erteilte er dem Legaten Guido den Befehl, nur über die
angebliche Simonie eine Untersuchung vorzunehmen. [105])
Da Konrad in der That bald die Verwaltung übernahm, so
muss es ihm gelungen sein, die Mittel zur Wiedererwerbung
des Lehns zu erhalten, während der Kardinallegat aus der
milden Tonart des an ihn gerichteten Schreibens schon ent-
nommen haben wird, in welchem Geiste er die Untersuchung führen sollte.

Der Gnade des Papstes allein hat Konrad seine kirch-
liche Wiederherstellung verdankt, der Gnade desselben
Papstes, der an Wolfger von Aquileja schrieb, [106]) dass die
Kirche nichts uneigennützig thue, dass sie von denen, die
sie aus dem Staube erhoben, so dass sie nun unter den
Fürsten der Erde sitzen und Völker und Nationen zur
Strafe ziehen dürfen, erwarte, dass sie sich ihr in der Not
der Zeit nicht entziehen und Gott mehr gehorchen als den
Menschen! Die Einführung der Postulation war grade deshalb von so ungeheurem Vorteil für den Papst, weil sie
ihm Gelegenheit gab, die Erbetenen eng an sich zu ketten:
so wurde um dieselbe Zeit Eberhard von Salzburg, [107]) in
ähnlicher Lage wie Konrad, vom Papste in bestimmte Verpflichtungen genommen, so erhielt später Egbert von Bamberg [106]) die Absolution nur gegen Einsendung eines Doku-
mentes, worin er erklärte, dass jener Treueid, den er bei
seiner Konsekration abgelegt habe, ihn verpflichte, auch
in den Reichsangelegenheiten den Befehlen des Papstes zu
willfahren. Darf man unter solchen Verhältnissen nur den
geringsten Zweifel hegen, dass auch Konrad, ehe seine
Wiedereinsetzung in Würzburg bewilligt wurde, sich zu
dem Versprechen habe verpflichten müssen, der staufischen
Partei zu entsagen und zum wenigsten durch Neutralität
die Politik des Papstes zu unterstützen? Schon die inneren
Verhältnisse des Bistums Würzburg gestatteten schwerlich
ein offenes Eintreten für den Welfen, aber es bedeutete

---

105) Eine genaue Zeitbestimmung in diesen Angelegenheiten
ist nicht möglich. Den Brief des Papstes über die Wiedererwerbung
des Lehens setzt Theiner, vet. monum. Slavor. meridian. I. 80, in
den April, denjenigen an den Legaten Guido I. 88, in den Juni.
Darnach müsste die Wahl Konrads im Januar oder Februar stattgefunden haben.

106) Epistolae Innoc. VIII., 83.

107) Schwemer, a. o. O. S. 82.

108) Schwemer, a. o. O. S. 91.

doch einen grossen Erfolg für Innocenz, wenn eine so hervorragende Gestalt wie diejenige Konrads aus dem Kreise der staufischen Palatine verschwand und der König einen seiner klügsten und schneidigsten Ratgeber für immer verloren hatte.

Es ist unmöglich, dass König Philipp nicht die Wandelung in der Gesinnung seines Kanzlers empfunden, zum wenigsten Argwohn geschöpft haben sollte. Er verweilte am 5. Juli in Würzburg; in einer Urkunde von diesem Tage nannte sich Konrad zum ersten Male wieder electus Wirziburgensis. [109]

Die Annahme liegt nahe, dass der König versucht habe, in Konrads Interesse die inneren Wirren des Bistums zu unterdrücken und sich dadurch aufs neue den Bischof zu verpflichten; aber jedenfalls ist ihm weder das eine noch das andere gelungen. Der König war anderweitig zu sehr in Anspruch genommen, als dass er seine Zeit einer langwierigen Fehde gegen widerspenstige, in festen Burgen allen Angriffen trotzende Ritter hätte widmen können; er befand sich ausserdem in diesem Falle in einer unangenehmen Zwangslage, da die Feinde Konrads, die Reichsministerialen, im allgemeinen seine treusten Anhänger waren und jedenfalls auch am Hofe eine einflussreiche Partei für sich hatten. Von besonderer Bedeutung war es, dass der Oheim der Ravensburger der hochangesehene Marschall Heinrich von Kalden war, der sicherlich ein energisches Einschreiten gegen seine Verwandten mit allen Kräften zu hindern sich bemüht hat. Es blieb also alles beim Alten; der Bischof aber, der mit dem ersten Schritte eines Pactes mit dem Papste den Bruch mit seiner ganzen Vergangenheit, die Abwendung vom staufischen Hause bereits vollzogen hatte, warf, je mehr für ihn die Interessen des Landesfürsten massgebend wurden, je mehr ihn nach der Hülfe des Papstes für die Befestigung seiner Stellung verlangte, desto leichter alle früheren Skrupeln über Bord und zeigte sich auch seinerseits bereitwillig, die päpstlichen Pläne zu unterstützen. Das konnte bald auch weiteren Kreisen nicht verborgen bleiben und so schrieb schon im August der päpstliche Notar Magister Philipp nach Rom, dass der Kanzler, — und nicht minder der Landgraf von Thüringen — nicht mehr aufrichtigen Herzens bei der Sache des Königs sei. [110]

109) Böhmer-Ficker, reg. imp. S. 20. Vgl. darüber auch Winkelmann, S. 233, 5.

110) Reg. de negot. imp. no. 52.

Das Eingreifen des Papstes in die deutschen Angelegenheiten vermochte die Fürsten der staufischen Partei
noch einmal zu einer energischen Kundgebung gegen solche
rechtswidrigen Handlungen. Zu Bamberg versammelte sich
im September 1201 um den gebannten König eine grosse
Anzahl geistlicher und weltlicher Reichsfürsten, welche sich
eidlich verpflichteten, ihm und seiner Sache fernerhin treu
zu bleiben, und auch über die Absendung einer neuen Erklärung an Innocenz berieten, welche den Standpunkt der
deutschen Reichspartei gegenüber den Anmassungen des
Papstes energisch wahren sollte. Diese Erklärung wurde
erst im nächsten Jahre, d. d. Halle Jan. 1202, abgeschickt
und ist in der Form allerdings weniger schroff, als jene
vom 28. Mai 1199, indem sie vielleicht aus kluger Berech-
nung in der Gestalt eines Protestes gegen den Kardinal-
legaten Guido gekleidet wurde und man den Anschein zu
erwecken suchte, als wisse man nicht, dass dieser nur im
Auftrage des Papstes handele; inhaltlich aber giebt sie die
Ideen der staufischen Partei in vollster Schärfe wieder. [111])
Auch Konrad von Würzburg weilte auf diesem Hoftage,
vielleicht wiederum „aus der Not eine Tugend machend,"
denn er konnte eine Einladung nach dem nahe gelegenen
Bamberg nicht ausschlagen, ohne den König zu brusquieren
und die über seine Gesinnung umlaufenden Gerüchte gradezu
zu bestätigen. Philipp seinerseits machte nunmehr den
letzten Versuch, diesen alten Anhänger, von dem er wohl
nur argwöhnte, dass seine Treue in ein gewisses Schwanken
geraten sei, auf seiner Seite festzuhalten, und er glaubte,
hier wie so oft durch Freigebigkeit das Ziel erreichen zu
können. So beschenkte er ihn denn am 8. September mit
der Burg Steineck und Zugehör, [112]) und gab ihm ausserdem
die Lehen zurück, welche er selbst und seine Vorfahren
von der Würzburger Kirche bisher getragen hatten; [113])

---

111) Dieser Protest wird von Winkelmann äusserst abfällig
beurteilt; weil die Fürsten nur den Legaten, nicht den Papst angriffen, meint er, „sie wollten den Pelz waschen, ohne sich nass zu
machen." Schwemer dagegen erkennt, — meines Erachtens mit vollem
Recht, — in diesem Schreiben dieselbe Gesinnung, welche zwei Jahre
früher die Unterzeichner der Erklärung von Speier beseelte, und er
findet die Form, in welche man ihn kleidete, sehr klug gewählt.

112) Monumenta Boica 29,501.

113) Monumenta Boica 29,503. —
Durch diesen Verzicht wollte der König jedenfalls die finan-
ciellen Sorgen des Bischofs erleichtern helfen. Er nennt Konrad in
der Urkunde seinen consanguineus, worauf v. Borch ein gewaltiges
Gewicht legt und auf das ungetrübte Freundschaftsverhältnis zwischen

zugleich befahl er den Vasallen, Dienstmannen und Bürgern zu Würzburg, ihrem Bischof Konrad, seinem Verwandten und Kanzler, treu und bereitwillig zu dienen. Auch Eberhard von Salzburg, der sich, wie oben bemerkt, dem Papste gegenüber ebenfalls engagiert hatte, wurde in „Ansehung seiner treuen Gesinnung und des Nutzens, den sein kluger Rat dem Reiche gebracht hatte" durch Geschenke ausgezeichnet. Aber bei Konrad wenigstens war der Liebe Müh' umsonst. Er liess sich die königlichen Gnadenbezeugungen wohl gefallen, aber er ist seit jenem Tage niemals wieder am Hofe Philipps erschienen, und die Protestation der deutschen Fürsten vom Januar nächsten Jahres, das greifbare Produkt der Bamberger Verhandlungen, trägt nicht des Kanzlers Unterschrift.

In der Gunst des Papstes machte Konrad dagegen jetzt schnelle Fortschritte. Im October teilte Innocenz dem Cardinallegaten Guido mit, dass er die Postulation Konrads für das Bisthum Würzburg bewillige, im November scheint er dem Bischof und dem Domkapitel das Verfügungsrecht über die Präbenden der Kirche St. Johann gewährt zu haben, deren Vergebung dem Papste allein zustand, [114]) und im November befahl er endlich dem Kapitel von Würzburg, dass zur Wiedererwerbung des Lehens 1000 Mark gezahlt werden sollen, wenn Bischof Konrad innerhalb eines Jahres stürbe. [115])

Mit der letzteren Verfügung hat Innocenz jedenfalls die von ihm früher für ungültig erklärte Vereinbarung Konrads mit dem Domkapitel, nach welcher bestimmte, aus der finanziellen Verlegenheit des Bischofs entsprungene Verpflichtungen im Falle eines plötzlichen Todes desselben vom Kapitel übernommen werden sollten, wieder hergestellt und damit der Autorität Konrads in seinem Lande eine wesentliche Stütze gewährt. [116]) Bald darauf wurde dieser

---

Philipp und seinem Kanzler schliesst; in Wirklichkeit ist diese Bezeichnung nur eine Höflichkeitsphrase, wie sie sich häufig genug in den Urkunden findet.

114) Die beiden letzteren Urkunden s. b. Theiner, vet. monum. Slav. merid. I. 60.

115) Theiner, a. o. O. I, 60.

116) Die Angelegenheit der Wiedererwerbung des Lehens kann nach den vorliegenden Angaben nicht völlig aufgeklärt werden. Es liegen vier bezügliche Nachrichten vor: 1. der Vertrag mit dem Domcapitel im Jahre 1199 über eine von Konrad's Familia zu leistende Zahlung von 2000 Mark, falls er innerhalb eines Jahres sterben sollte, (Epist. Innoc. II, 204, und der Brief an Guido. Abel, S. 279); 2. die Anweisung des Papstes, 1201, dass Konrad zur Verwaltung von Würz-

auch zum Vertrauensmann des Papstes in kirchlichen Händeln ausersehen. So erhielt er im Januar 1202, gemeinschaftlich mit Konrad von Speier, den Auftrag, in der wichtigen Mainzer Angelegenheit einzuschreiten [117]) und den staufisch gesinnten Erzbischof Lupold, Bischof von Worms, zum Rücktritt zu ermahnen; im November desselben Jahres wurde ihm, diesmal zusammen mit Siegfried von Mainz, dem Anhänger Otto's, und dem Abt von Salem die Prüfung der Wahl Hartwichs zum Bischof von Augsburg übertragen. [118])

Der Papst hatte allerdings alle Ursache, mit dem Verhalten Konrads zufrieden zu sein, denn die Verbindung desselben mit dem staufischen Hofe war völlig gelöst und auch seines Kanzleramtes hat er seit dem September 1201 nicht mehr gewaltet. Er hielt sich dauernd in Würzburg auf, wo ihm die inneren Wirren Sorge und Arbeit in reichem Maasse gewährten, und zugleich begann er jetzt, den offenen Abfall vom staufischen Hause vorzubereiten. Während der Papst den Kampf gegen Philipp besonders in der Weise führte, dass er die geistlichen Anhänger des Königs zum Anschluss an die Politik der Curie ermahnte

burg zuzulassen sei, „nach Wiedererwerbung des Lehens“, 3, dass oben im Text angeführte Schreiben des Innocenz an das Kapitel von Würzburg: 4, eine Erzählung des Arnold von Lübeck, SS. 21.231, dass bei Gelegenheit der Neuwahl Ottos IV., nach Philipps Ermordung. Otto, Erwählter von Würzburg, vor den König getreten sei und laut geklagt habe: ecclesiam suam damnificatam a Philippo et Heinrico imperatore quovis anno ad 1000 markas, pro qua etiam injuria Conradus dolose occisus est. Sucht man diese Nachrichten in Zusammenhang zu bringen, so ergiebt sich etwa Folgendes: Der reichen Würzburger Kirche waren von Heinrich VI. und Philipp besondere Abgaben auferlegt, die unter der Regierung Konrads um so drückender auf dem Lande lasteten, als die Bedürfnisse und die Schulden des Bischofs ohnehin gross genug waren. Er schritt deshalb zur Verpfändung des Kirchengutes, und zwar, nach (2), an seine Angehörigen; da er aber vom Papste nicht anerkannt und sein Leben stets bedroht war, so verlangten diese letzteren eine Bürgschaft seitens des Domcapitels. Nach der Aussöhnung mit Innocenz (3) wurde ihm auferlegt, einen Theil des Lehens einzulösen und er hat hierzu wohl die Mittel gefunden; die restierenden 1000 Mark aber übernahm, diesmal unter päpstlicher Zustimmung, im Falle seines plötzlichen Todes das Domkapitel. — Der Bischof Otto liess bei der Wahl Ottos IV. natürlich die günstige Gelegenheit nicht vorübergehen, einen Versuch zu machen, wie er der lästigen Abgabe ledig würde; wenn er dieselbe aber als einzigen Grund für die Ermordung Konrads hinstellte, so ist dies eine ganz einseitige Uebertreibung.

117) Theiner, a. o. O. I, 62.

118) Potthast. reg. pont. Rom. I, 1750; vgl. auch Schwemer Seite 88.

und sie für den Fall des Widerstandes mit den schwersten Strafen bedrohte, ergänzte Konrad diese Bestrebungen in positivem Sinne und gedachte durch eine im Geheimen vollzogene Verbindung mit dem Landgrafen von Thüringen [119] Mitteldeutschland unter die welfische Herrschaft zu bringen. Der Landgraf ging auf die Pläne des Kanzlers ein und bethätigte seinen Eifer für die päpstliche Politik zunächst durch die Unterstützung des welfischen Erzbischofs Siegfried von Mainz; man kann daraus vielleicht entnehmen, dass auch dieser geistliche Fürst dem Bunde beigetreten war und ihm die Hand zum letzten Kampfe gegen das staufische Königtum freigemacht werden sollte. Ja, zieht man jene oben erwähnten päpstlichen Ermahnungen an Ludolf von Magdeburg, Wolfger von Passau, Johann von Trier und andere in Betracht, so darf man wohl zu dem Schluss kommen, dass um jene Zeit eine Erhebung des ganzen mittleren Deutschland gegen Philipp geplant war, deren Leitung der Papst in die Hände Konrads gelegt zu sehen wünschte.

Dass im Sommer 1202 eine antistaufische Conspiration sich gebildet hat, steht fest; zweifelhaft aber erscheint es, ob Philipp darüber schon genau unterrichtet war oder nur im allgemeinen zum Misstrauen gegen einige seiner bisherigen Anhänger neigte. Jedenfalls machte sich bei ihm das Bedürfnis geltend, volle Klarheit zu schaffen. Zu den schwankenden, durch Innocenz eingeschüchterten Freunden gehörte auch der Erzbischof Johann von Trier. [120] Als der König daher aus Burgund, wohin er zu Pfingsten gezogen war, um sein brüderliches Erbe anzutreten, heimkehrte, rückte er in das Erzbistum ein und brachte dadurch Johann, der den Zorn des Papstes nicht minder fürchtete als die Macht des Königs, in eine schlimme Lage; freilich wurde seinem Schwanken ein schnelles Ende bereitet, indem Philipp über den Kopf des Bischofs hinweg mit den Geistlichen, Dienstmannen und Bürgern von Trier am 11. Oktober einen Vertrag schloss, laut dessen sie sich verpflichteten, auch fernerhin seiner Sache treu zu bleiben. Auch Johann musste nun wohl oder übel auf der Seite Philipps ausharren.

Während der König nach diesem Erfolge den Versuch wagte, die Welfischen gänzlich über die Mosel zurückzu-

---

119) Ann. Reinhardsbrunnenses, ed. Wegele, p. 95: cum creberrima Couradi Herbipolensis et ipsius lantgravii constarent ad invicem colloquia. Ueber den Abfall des Landgrafen s. Winkelmann, S. 267.
120) Winkelmann, S. 262.

werfen, konute es Konrad von Würzburg nicht zweifelhaft
sein, dass in nächster Zeit die Reihe auch an ihn kommen
werde und, wenn nicht eingreifende Maassregeln vorher
getroffen würden, die Sache für ihn besten Falles denselben
Verlauf nehmen werde wie in Trier. Da indessen seine
Beziehungen zu einem grossen Teile der Ministerialen feindliche waren und er erwarten musste, dass schwere Beschul-
digungen von gewisser Seite gegen ihn erhoben würden, so
war es leicht möglich, dass sich die Lage hier noch viel
schlimmer gestalten und vielleicht mit seiner gewaltsamen
Vertreibung endigen würden. Ohne Hülfe von aussen her
konnte sich der Bischof nicht vermessen, Phipps Macht
Widerstand zu leisten. Zwar liess er den Marienberg bei
Würzburg befestigen, aber nur, wenn die welfische Partei
ihm Hülfe schickte, durfte er es wagen, sich daselbst fest-
zusetzen. Besonders hat er wohl auf die Unterstützung
des Erzbischofs von Mainz gerechnet, jedoch vergeblich,
denn im November, als die drohende Gefahr immer näher
rückte, wandte er sich mit bitterer Klage über seine Ver-
einsamung schutzflehend an Innocenz III. [121])

Unterdessen war der Vorstoss Philipps gegen die welfische Macht am Rhein völlig missglückt, so dass er nach
dem unglücklichen Sturm auf St. Goar sich schleunigst
auf Speier zurückziehen musste. [122]) Damit jedoch die
Nachricht von diesem Missgeschick der staufischen Sache
in Mitteldeutschland nicht weitere Nachteile zuzöge, beschloss er, sofort dahin aufzubrechen und bot im November
auf einem Hoftage zu Ulm die Lehensmannen des Herzog-
thums, die grade in jener Zeit fast seine einzige Stütze

---

121) Epist. Innoc. V., 134. In diesem Schreiben tadelt Innocenz den Erzbischof Siegfried von Mainz sehr hart, weil er es
unterlassen habe, aus eigenem Antrieb dem Bischof von Würzburg gegen die Wut Philipps, der sich vorgenommen habe, die
Würzburger Kirche zu verwüsten, Hilfe zu leisten; er ermahnt
ihn auf's dringendste, sich an einem Unternehmen gegen Konrad
nicht zu beteiligen. Aus der letzteren Bemerkung scheint hervorzu-
gehen, dass man um jene Zeit selbst bei Siegfried die Neigung zu
einem Parteiwechsel befürchtete. — v. Borch, S. 40 u. 41, interpretirt
den Brief durchaus falsch, zum Teil durch einen Lesefehler (etiam
statt etenim accepiums) veranlasst; nach ihm geht die Bedrohung
des Bischofs lediglich von den Ministerialen aus, während der Papst
die Feindschaft Philipps nur gelegentlich und als ein Gerücht erwähne.
Diese Erklärung entspricht der auch sonst stets hervortretenden
Parteilichkeit des Verfassers zu Gunsten seines Helden, dessen Verrat
an Philipp nicht zugegeben werden soll.

122) Winkelmann, S. 265.

— 58 —

waren, zu einem Zuge nach Würzburg auf. [123]) In der
zweiten Hälfte des Monats setzte sich das Heer in Be-
wegung, aber ehe es noch die Grenzen des Bistums er-

123) Ulm, November: Hoftag. auf welchem der Abt von St.
Gallen die Heerfahrt gegen den Bischof von Würzburg verspricht,
an der er dann auch teilnimmt. Böhmer-Ficker, reg. imp. S. 24.
Die Stelle in dem casus S. Galli lautet: — — — eodem anno ad
Curiam Ulme habitam 30 marcas expendit. expeditionem ad Episc.
Erbipol. promisit. et hanc sicut praedictam expensam sine laesione
ecclesiae 150 marcis adimplevit. — Auch die Bedeutung dieser
Nachricht sucht v. Borch mit meines Erachtens völlig nichts sagenden
Bemerkungen abzuthun; er findet sehr richtig. S. 94, dass der Hof-
tag zu Ulm erst in der zweiten Hälfte des November hat abgehalten
werden können, (denn Philipp urkundet noch am 8. November in
Speier), behauptet dann aber, dass der Zug nicht gegen den Bischof
Konrad, sondern nur gegen die aufrührerischen Ministerialen „aus-
geführt sein konnte", was folgendermassen begründet wird: „bevor
Philipp in das Bistum hätte eindringen können, wären noch weitere
2 bis 3 Monate vergangen und dann hätte er Konrad im Grabe gefunden." Das letztere konnte doch weder Philipp noch der Abt damals
ahnen; man kann also auch durchaus nicht auf die Zwecke, die
sie bei dem Zuge verfolgten, schliessen! — Beistimmen aber möchte
ich Herrn v. Borch in den Bemerkungen, die er an den Ausdruck:
expeditio an den Erlipolensem episcopum knüpft: dieses „ad" weist darauf
hin, dass Philipp nicht einen Heereszug gegen einen in offenem
Aufruhr stehenden Reichsfürsten unternahm, sondern sich, gestützt
auf eine imponierende Heeresmacht, zum Bischof von Würzburg
begab, um denselben zu einer entschiedeneren Stellungnahme zu
veranlassen und die Ordnung im Lande herzustellen. Diese Auffassung widerspricht freilich entschieden derjenigen von Abel,
Winkelmann und auch Wegele, nur dass letzterer nicht den Bischof,
sondern den König die Offensive ergreifen lässt: die Grundlage für
ihre Darstellungen bilden die Worte des Otto v. St. Blasien, cap. 42:
„episcopus contra regnum conspirans et Montem S. Marie in ipsa
urbe pro castello muniens publice rebellavit." Aber aus inneren
wie äusseren Gründen kann ich den letzten Worten keinen Glauben
schenken. Wie sollte Konrad, dessen Leben bedroht, dessen Finanzen
zerrüttet waren, auf eigene Hand einen offenen Aufruhr wagen, zumal er der Stiftsministerialen nicht sicher war und mit den Reichsministerialen, die ohnehin auf Seiten des Königs standen, in offener
Feindschaft lebte? Das wäre eine Thorheit gewesen, die man dem
klugen Staatsmanne doch nicht zutrauen darf. Und wie stimmt zu
dieser Nachricht die Trauer, welche Philipp nach des Kanzlers Tod
um denselben zeigte? — Es kommt aber hinzu, dass Otto v. St.
Blas, der einzige ist, welcher das „publice rebellavit" meldet; sämmtliche
übrigen Quellen berichten von dieser wichtigen Thatsache kein Wort.
Wahrscheinlich hat sich also der Verfasser jener Chronik durch
die Thatsache, dass Konrad konspirierte, in Verbindung mit dem
Zuge Philipps dazu verleiten lassen, aus eigener Erfindung oder in
Folge übertreibender Gerüchte die offene Rebellion anzunehmen. —
Ganz verfehlt und durch nichts begründet erscheint mir jedoch auch
die allen vorangehenden Ereignissen widersprechende Behauptung
v. Borchs. dass Philipp lediglich dem Bischof gegen seine Feinde
habe zu Hülfe kommen wollen.

reichte, war in Würzburg selbst eine Katastrophe eingetreten, die allen weiteren Feindseligkeiten von selber ein
Ziel setzte.

Es war am Abend des 3. Dezember, [124]) als Bischof
Konrad auf dem Wege zum Dom, wo die Vorfeier des Festes
der heiligen Barbara abgehalten werden sollte, von dem
Ritter Bodo von Ravensburg, der von mehreren Dienern
und wahrscheinlich von seinem Bruder Heinrich begleitet
war, überfallen wurde; [125]) ungestüm drangen die Frevler

124) Winkelmann's Angabe, dass Konrad am 6. Dezember ermordet sei, stützt sich auf die ann. Colonienses („in festo S.
Nicolai") und chronic. Sanpetr. (8 idus dec.), lässt sich aber den
anderweitigen Zeugnissen gegenüber nicht halten. Eine Urkunde
des Klosters Ashausen (Ludewig, Geschichtsschreiber v. Würzburg,
S. 343 und 546) und das Kalendarium necrologicum S. Kiliani melden
nämlich, dass die Gedächtnisfeier des Bischofs am Tage St. Barbarä
(4. Dez.) stattgefunden habe; eine solche Feier wurde jedoch nicht
immer am Todestage, sondern häufig am nächsten höheren Feste
begangen und da nun das chronic. Montis Sereni berichtet, dass
Konrad am Abend, auch eine Inschrift auf seinem Grabe, dass er
in vigilia S. Barbarae getötet sei, so scheint es unzweifelhaft, dass
dies Verbrechen am Abend des 3. Dezember geschehen ist. Die betreffende Inschrift, welche Winkelmann, der sie für ein späteres
Machwerk erklärt, S. 269 falsch wiedergiebt, lautet nach v. Borch,
S. 51: „Conradus Episcopus Herbipolensis et S. R. J. Cancellarius,
Anno MII in Vigilia S. Barbarae interfectus est." — Wäre Konrad
wirklich am 5. oder 6. Dezember getötet, so würde am St. Nikolaus-
tage seine Gedächtnisfeier stattgefunden haben.

125) Die Ermordung Konrads wird berichtet in: chronicon
Montis Sereni, SS. 23, 170 (Hauptquelle für alle Einzelheiten);
Arnold Lubicensis SS. 21, 231; ann. Herbipolenses, SS. 24,828;
chronic. episcop. Hildesheim. SS. 7,858; chronic. Urspergense SS.
23,272; Ott. v. St. Blasien. SS. 20,327; ann. Zwifaltenses SS.
10,58; continuatio Admuntensis. SS. 9,590; ann. Colonienses maximi.
SS. 17,811; Caes. Heisterbach., Dialogus miracul. XII, 42; chronic.
Sanpetrinum, ed. Stübel, S. 47, annal. Reinhardsbrunenses, S. 95.
Die letzteren schieben die Schuld des Mordes auf Philipp: land-
gravius non potuit de Philippo securus existere, quod consiliis et
mandatis idem Herbipolensem episcopum constat interemisse; ebenso
sagt auch Albericus monachus Trium fontium zum Jahre 1208:
quoniam (Philippus) episcopus Herbipolensem venerabilem Conradum
vel jusserat vel dissimulando permiserat interfici. Beide Nachrichten sind natürlich durchaus unglaubwürdig. Es kommen endlich für die Ermordung Konrads in Betracht d. epist. Innocentii
V. 155, VI. 51, 113, 114. — Was die Person der Mörder betrifft,
so liegen gewichtige Zeugnisse vor, dass nicht nur Bodo, sondern auch Heinrich von Ravensburg an dem Verbrechen beteiligt
war. In dem schon erwähnten Schreiben des Papstes vom 3. Juli
1203 (epist. Innoc. VI. 113) heisst es von den Mördern, ut, cum
nomen castri Ravennesburc episcopum occidentes in signum belli-
cum exclamaverint; epist. VI. 133 spricht der Papst von dem
Sohne Heinrichs von Ravensburg, fratris Bosonis, cujus pater et
patruus fuerant in necem ejusdem episcopi machinati; auch nennen

auf den Wehrlosen ein und als er wie zum Schutze die
Hand emporhob, hieb einer derselben ihm mit gewaltigem
Schlage Hand und Hinterkopf zugleich ab. Infolge des
Tumultes stürzten noch andere Ministerialen, gleichfalls
Feinde des Bischofs, obwohl sie vorher Frieden und Freundschaft geheuchelt hatten, [126]) herbei und liessen ihrem be-
stialischen Hass noch gegen den toten Fürsten freien Lauf:
sie sollen den Leichnam verstümmelt haben, „als ob sie,
was sie geschlachtet, essen oder zum Kaufe ausstellen oder
den Tieren des Feldes zum Frasse geben wollten.“ Darauf
entflohen die Mörder unter dem Schutze der grossen Partei,
die in der Stadt dem Bischof feindlich gegenüber gestanden hatte.

Wenige Tage nach dem Tode Konrads erschien der
König vor Würzburg. Die ganze Geistlichkeit zog ihm
entgegen unter dem Gesange jener Verse, in denen Jacob
um seinen Sohn Joseph klagt, und die blutigen Gewänder
wie die abgeschlagene Hand hielten sie empor, Strafe
flehend an den Meuchelmördern. Philipp war aufs tiefste
erschüttert durch die Frevelthat und weinte bittere Thränen
über den Mann, dessen einstige Verdienste niemand besser
geschätzt, dessen Entfremdung von der staufischen Sache

---

das chronicon Mont. Sereni und die annal. Reinhardsbrunenses ausdrücklich Bodo und Heinrich von Ravensburg als die Verbrecher.
Endlich ist noch die schon erwähnte Stelle in den ann. Herbip. in
diesem Sinne zu deuten. Diesen Angaben steht aber gegenüber,
dass in dem Schreiben des Innocenz vom 18. April 1203 Heinrich
als der Lehnsmann Bodos bezeichnet wird, ihm auch der freilich
unverständliche und wohl auf einem Schreibfehler beruhende Bei-
name fuson gegeben wird. Vgl. auch Raynaldi ann. ecclesiastici
XIII, S. 97 und 98. Der Name fuson ist nach v. Borch, S. 116, in
dem jüngeren Standbuche des Kreisarchivs zu Würzburg durch
„Heinrich Hund“ ergänzt, während Ussermann, Germania sacra,
IV, 77, ihn Hund von Falkenberg nennt. Und in der That wurde
nach einer Urkunde bei Ludewig, Geschichtschreiber von Würzburg,
542 erst im Jahre 1426 den Nachkommen Hunds von Falkenberg
die Ehre und Rechtlosigkeit, welche in Folge jenes Verbrechens
ihres Ahnherrn sie betroffen hatte, von Bischof Johann von Würzburg
abgenommen und ihnen Falkenberg zurückgegeben, eine Nachricht,
die mir schwerwiegender erscheint, als die vielfach korrumpierten
Urkunden bei Raynald und im Würzburger Standbuch. Nach meiner
Ansicht verübte in der That Heinrich von Ravensburg gemeinsam
mit seinem Bruder das Verbrechen, während der Ahnherr jener
Hund von Falkenberg sich vielleicht unter denjenigen befand, die
den Brüdern zur Hülfe eilten.

126) Arn. Lubic. S. S. 21, 231: cum pro ecclesia sua conflictum
cum ministerialibus suis haberet, qui quadam praesumptione res
ecclesiae invaserant, conditione pacis interposita, ut ipsum negotium
mediante justitia terminaretur.

niemand mehr beklagt hatte als der König selbst. Und
hatte er nicht von seinem Standpunkte aus noch immer
die Hoffnung hegen können, dass grade dieser Zug nach
Würzburg dazu dienen würde, alle Misshelligkeiten zu be-
seitigen und das alte freundschaftliche Verhältnis mit dem
ersten Ratgeber des Hofes wieder herzustellen?
Vielleicht hatten die Mörder geglaubt, sich durch
ihre That Dank und Lohn des Königs zu verdienen; doch
war dies keinesfalls das Hauptmotiv ihres verbrecherischen
Handelns. Seit der Ermordung Eckards hatte Konrad un-
ablässig darnach getrachtet, diesen seinen treuen Freund
und Helfer im Kampfe gegen die widerspenstigen Stifts-
mannen zu rächen, er hatte die Verbrecher von einem
Schlupfwinkel zum anderen verfolgt, und in fast ver-
zweifelter Lage entschlossen sie sich endlich zum Letzten,
dem Meuchelmorde. Aber wenn sie dabei zugleich auf
den Lohn oder nur die Vergebung des Königs, dessen Lage
ja immerhin, auch von seinem Standpunkte aus, sich durch
dieses Ereignis wesentlich vereinfachte, gerechnet hatten,
so erlagen sie einer gewaltigen Täuschung. Vielleicht hat
die Verwandtschaft der Missethäter mit dem einflussreichen
Marschall Heinrich von Kalden es bewirkt, dass die Ver-
folgung nicht sogleich mit grösster Hast ins Werk gesetzt
wurde, [127]) aber im Lande war jedenfalls ihres Bleibens
nicht mehr. Sie flohen aus Deutschland und kamen in
tiefster Zerknirschung und Reue zu Innocenz III., der ihnen,
wie er am 18. April 1203 der ganzen Christenheit mitteilte,
die schwersten Kirchenbussen auferlegte; [128]) unter anderem
sollten sie 4 Jahre lang gegen die Saracenen kämpfen,
täglich 100 Vaternnser beten, 50 Kniebeugen machen und
für ihre ganze Lebenszeit sich den strengsten, genau fest-
gesetzten Fasten unterziehen. Ferner wurden ihnen auf
päpstlichen Befehl alle Lehen der Würzburger Kirche entzogen, [129]) ja sogar die ewige Lehnsunfähigkeit über sie

---

127) Schon der Umstand, dass die Mörder noch Zeit fanden, zu
entkommen, genügte, um den König und Heinrich v. Kalden bei den
Freunden Konrads der Urheberschaft oder des Mitwissens am Morde
verdächtig zu machen; so schreibt das chronic. Mont. Sereni: avun-
culo, qui vir erat crudelis ingenii, eos ad malum incitante, u.: rex
judicium facere dissimulaverit aliis dicentibus eum de morte episcopi
propter hoc, quod in partem Ottonis regis sentire coeperat, non
vere doluisse, aliis vero asserentibus eum timore marechalci a terenda
contra homicidas sententia impeditum.
128) Epist. Innoc. VI., 51.
129) Epist. Innoc. VI., 113.

verhängt, während die Ravensburg von den erbitterten
Bürgern von Würzburg zerstört wurde, [130]) ohne dass
Philipp es gehindert hätte.

Der König verliess bald darauf die Stadt, er ging
neuen, schweren Kämpfen entgegen. Im Anfang des
nächsten Jahres ging die von Konrad ausgestreute Saat
auf und der Landgraf von Thüringen erklärte sich offen
gegen Philipp, während Ottokar von Böhmen dem Empörer
mit gewaltiger Streitmacht zu Hilfe zog.

Aber allmählich ward Philipp mehr und mehr seiner
Feinde Herr, immer entschiedener neigte sich das Waffen-
glück auf seine Seite, — da endlich, als nach jahrelangem
Ringen der Lorbeer des Siegers seine Schläfe schmücken
sollte, erlag auch er dem Schwert des Meuchelmörders: als
ein Opfer persönlicher Feindschaft sank der milde König
selbst dahin, wie einst sein ungetreuer Kanzler Konrad
von Querfurt.

130) Chronic. Ursperg. SS. 23, 272: epist. Innoc. VI., 113.

VITA.

Ich, Theodor Münster, wurde am 1. Juni 1860 als
Sohn des Senators Rudolf Münster zu Plau in Mecklenburg-
Schwerin geboren. Bis zu meinem dreizehnten Jahre besuchte
ich die Schule meiner Vaterstadt; Ostern 1873 wurde ich
in die Quarta des Gymnasiums zu Waren aufgenommen und
verliess das letztere nach bestandener Abiturientenprüfung
Ostern 1880. Um Geschichte und Germanistik zu studieren
bezog ich zunächst die Universität Leipzig, wo ich bis zum
Herbst 1881 immatriculiert war, sodann siedelte ich nach
Berlin über und setzte hier dieselben Studien noch fünf
Semester fort. In Leipzig besuchte ich die Vorlesungen
der Herren Professoren Zarncke, von Noorden, Biedermann,
Lipsius, Heinze, Arndt und nahm an den historischen
Uebungen des Herrn Dr. Meier teil; in Berlin hörte ich
die Herren Professoren Paulsen, von Treitschke, Bresslau,
Weizsäcker, Delbrück, Meitzen, Dilthey, Geiger und Koser
und besuchte das historische Seminar der Herren Prof.
Weizsäcker und Dr. Delbrück. Allen meinen hochverehrten
Lehrern spreche ich an dieser Stelle meinen wärmsten Dank
aus. — Ostern 1884 übernahm ich eine Stellung als Erzieher in einer Berliner Familie, die ich später mit einer
ähnlichen auf einem Gute in der Provinz Sachsen vertauschte.